什么是
图书情报与档案管理？

WHAT IS

LIBRARY, INFORMATION AND ARCHIVES MANAGEMENT?

李 刚 编著

图书在版编目(CIP)数据

什么是图书情报与档案管理？/ 李刚编著. -- 大连：大连理工大学出版社，2022.8
ISBN 978-7-5685-3812-1

Ⅰ.①什… Ⅱ.①李… Ⅲ.①图书情报学－通俗读物 ②档案管理学－通俗读物 Ⅳ.①G250-49②G270-49

中国版本图书馆 CIP 数据核字(2022)第 070469 号

什么是图书情报与档案管理？
SHENME SHI TUSHU QINGBAO YU DANGAN GUANLI ?

出 版 人：苏克治
责任编辑：于　泓
责任校对：白　璐
封面设计：奇景创意

出版发行：大连理工大学出版社
　　　　　（地址：大连市软件园路 80 号，邮编：116023）
电　　话：0411-84708842(发行)
　　　　　0411-84708943(邮购)　0411-84701466(传真)
邮　　箱：dutp@dutp.cn
网　　址：http://dutp.dlut.edu.cn

印　　刷：辽宁新华印务有限公司
幅面尺寸：139mm×210mm
印　　张：4.75
字　　数：76 千字
版　　次：2022 年 8 月第 1 版
印　　次：2022 年 8 月第 1 次印刷
书　　号：ISBN 978-7-5685-3812-1
定　　价：39.80 元

本书如有印装质量问题，请与我社发行部联系更换。

出版者序

高考,一年一季,如期而至,举国关注,牵动万家!这里面有莘莘学子的努力拼搏,万千父母的望子成龙,授业恩师的佳音静候。怎么报考,如何选择大学和专业,是非常重要的事。如愿,学爱结合;或者,带着疑惑,步入大学继续寻找答案。

大学由不同的学科聚合组成,并根据各个学科研究方向的差异,汇聚不同专业的学界英才,具有教书育人、科学研究、服务社会、文化传承等职能。当然,这项探索科学、挑战未知、启迪智慧的事业也期盼无数青年人的加入,吸引着社会各界的关注。

在我国,高中毕业生大都通过高考、双向选择,进入大学的不同专业学习,在校园里开阔眼界,增长知识,提升能力,升华境界。而如何更好地了解大学,认识专业,明晰人生选择,是一个很现实的问题。

为此,我们在社会各界的大力支持下,延请一批由院士领衔、在知名大学工作多年的老师,与我们共同策划、组织编写了"走进大学"丛书。这些老师以科学的角度、专业的眼光、深入浅出的语言,系统化、全景式地阐释和解读了不同学科的学术内涵、专业特点,以及将来的发展方向和社会需求。希望能够以此帮助准备进入大学的同学,让他们满怀信心地再次起航,踏上新的、更高一级的求学之路。同时也为一向关心大学学科建设、关心高教事业发展的读者朋友搭建一个全面涉猎、深入了解的平台。

我们把"走进大学"丛书推荐给大家。

一是即将走进大学,但在专业选择上尚存困惑的高中生朋友。如何选择大学和专业从来都是热门话题,市场上、网络上的各种论述和信息,有些碎片化,有些鸡汤式,难免流于片面,甚至带有功利色彩,真正专业的介绍尚不多见。本丛书的作者来自高校一线,他们给出的专业画像具有权威性,可以更好地为大家服务。

二是已经进入大学学习,但对专业尚未形成系统认知的同学。大学的学习是从基础课开始,逐步转入专业基础课和专业课的。在此过程中,同学对所学专业将逐步加深认识,也可能会伴有一些疑惑甚至苦恼。目前很多大学开设了相关专业的导论课,一般需要一个学期完成,再加上面临的学业规划,例如考研、转专业、辅修某个专业等,都需要对相关专业既有宏观了解又有微观检视。本丛书便于系统地识读专业,有助于针对性更强地规划学习目标。

三是关心大学学科建设、专业发展的读者。他们也许是大学生朋友的亲朋好友,也许是由于某种原因错过心仪大学或者喜爱专业的中老年人。本丛书文风简朴,语言通俗,必将是大家系统了解大学各专业的一个好的选择。

坚持正确的出版导向,多出好的作品,尊重、引导和帮助读者是出版者义不容辞的责任。大连理工大学出版社在做好相关出版服务的基础上,努力拉近高校学者与

读者间的距离,尤其在服务一流大学建设的征程中,我们深刻地认识到,大学出版社一定要组织优秀的作者队伍,用心打造培根铸魂、启智增慧的精品出版物,倾尽心力,服务青年学子,服务社会。

"走进大学"丛书是一次大胆的尝试,也是一个有意义的起点。我们将不断努力,砥砺前行,为美好的明天真挚地付出。希望得到读者朋友的理解和支持。

谢谢大家!

苏克治
2021年春于大连

自 序

欢迎走进图书情报与档案管理的世界！相比一些热门、常见的学科，也许你对图书情报与档案管理这门学科有点儿陌生，甚至从未听闻这个学科的名字。其实，图书情报与档案管理(以下简称图情档)主要取自三个二级学科的名称，即图书馆学、情报学和档案学。从学科的命名可以发现，图情档的研究对象与我们日常生活息息相关，比如图书文献、档案文件、情报数据，等等。事实上，图情档就是为人类提供记录、保存、组织、检索、获取、分析与开发利用各行业、各领域数据、信息和知识的思想、方法及技术的一门学科，专注于信息资源全生命周期管理，教育与研究，致力于从内容、技术、系统、用户、社会、政策、文化传承等多个角度创造最大限度的信息福祉。

本书共分为五个篇章，分别是邂逅篇、上山篇、寻宝篇、修炼篇和下山篇。对于每一个图情档人而言，从进入这个共同体的那一刻起，一场登山修炼之旅便缓缓展开。在邂逅篇中，我们将对图情档产生一个最初的印象。在图情档百年的发展历程中，信息是无法绕开的基本研究元素，信息社会是无法避开的时代环境。同时，我们每个人也都是信息的制造者和传播者。那么，信息社会到底是什么？信息社会对我们有何影响？如何玩转信息社会？图情档和信息社会有何联系？图情档学科是什么、从哪儿来、要到哪儿去？……这些问题在邂逅篇中都有答案。从图情档的发展环境到图情档的前生今世，我们将对图情档产生初步的了解。

接着，我们开启了正式的登山之旅，上山篇带领我们进入这个学科内部，剖析和探索图情档的"骨架"与"血肉"，让我们更深入地了解这个学科究竟做什么、研究什么、有何门道。这是修炼的基础，让我们明确修炼的目的和方向。当然，整个探索过程也不乏乐趣，我们将会发现，这个看似陌生的学科却又如此熟悉，因为它与我们的工作、生活和学习息息相关，它与我们个人、国家乃至社会又联系如此紧密；同时，它又充满了各种新奇的事物和带有独特的标识，这些点点滴滴都构成了图情档的文化密码,如同宝藏一般等待我们去发掘。到那时我们会感慨,原来图情档是这样一个有趣、有料、有用的学科!这也正是寻宝篇的意义所在。

带着上山的这份初心和寻宝的热情,图情档学子也要投入真正的修炼之旅中。修炼篇介绍图情档学科的修炼目标,传授图情档修炼的"心法口诀",以及可以"拜师学艺"之处。读者可以了解到图情档学科教育和人才培养的基本现状、基本培养方法和要求,同时也将看到一些专门打造图情档人才的知名院校信息,帮助读者对我国图情档教育做到心中有数。

上山修炼,下山历练。在下山篇,我们将发现图情档学子可以一展身手的领域,一同见证图情档学子的修炼效果,想象图情档学子未来的发展方向。下山篇关注的职业生涯就是对其修炼效果检验最有力的说明。为了最大限度地展示图情档学子真实的就业现状,我们专门收集了来自社会和职场的一手信息。通过口述、访谈形式,图情档学子谈谈真实的职场经历,聊聊对图情档专业的观点和看法。读者会发现,图情档学子对于职业的选择拥有大量可以想象和发挥的空间,这也是图情档的"魔力"所在。

  本书主要面向从未接触或并不了解图情档的高中学生和家长，跨专业报考图情档研究生的本科生，及初入图情档大门的学子，也适合所有对图情档学科感兴趣的社会大众阅读。我们力求通过通俗生动的语言，将图情档领域前沿、专业、真实的学科信息呈现给读者。愿无论身处何处、又是因何缘故与本书结缘的您，都能够在这段阅读之旅中满载而归！

李　刚
2022 年 5 月

目 录

邂逅篇：初遇图情档 / 1
 "玩转"信息社会 / 1
  拨开云雾见信息 / 2
  识得信息社会真面目 / 4
  信息社会生存法则 / 6
 图情档的前世回溯 / 9
  中西合璧的图书馆学 / 10
  脱胎于历史学的档案学 / 13
  二重源流的情报学 / 15
 图情档的今生与未来 / 18
  学科建设与发展 / 18
  学科研究方向 / 20
  新技术与新政策 / 22

上山篇：图情档学科大揭秘 / 24

图情档一家亲 / 24
　　信息资源管理之大融合 / 25
　　新文科建设的助力器 / 29

图情档耕耘图 / 32
　　图情档研究什么？/ 33
　　图情档与信息，不得不说的事 / 35
　　图情档与其他领域的融合交流 / 39

寻宝篇：图情档之文化密码 / 42

用图情档滤镜看世界 / 42
　　信息侦察兵：开源情报与国家安全 / 43
　　记忆建构师：档案与社会记忆 / 46
　　超级检索术：信息检索与个人生活 / 50

是信息专家，更是知识导航员 / 54
　　从文献到知识，涉猎广泛 / 54
　　无所不知的咨询服务 / 57
　　未来感十足的智慧服务 / 60

品牌化的 iSchool 运动 / 62
　　iSchool 运动的由来 / 62
　　iSchool 联盟究竟做什么？/ 64
　　iSchool 运动对图情档学科建设的影响 / 67

修炼篇:图情档学子培养术 / 71

图情档的培养目标 / 71
  图情档的基本理论方法是核心 / 72
  大数据思维与数据素养是灵魂 / 73
  综合实践能力至关重要 / 75

图情档学子修炼法则 / 77
  基础不牢,地动山摇 / 78
  多样化实操训练悟真知 / 80
  闭门造车要不得 / 81

图林大观——知名图情档院校概览 / 83
  武汉大学 / 85
  南京大学 / 86
  北京大学 / 87
  中国人民大学 / 88
  南开大学 / 89
  华中师范大学 / 90
  中山大学 / 91
  中国科学院大学 / 92
  国防大学 / 93
  华东师范大学 / 93
  南京农业大学 / 94
  郑州大学 / 95
  吉林大学 / 96

　　黑龙江大学 / 97
　　上海大学 / 98
　　云南大学 / 99

下山篇：图情档职业面面观 / 101
　敢问路在何方 / 101
　　职业总体发展前景 / 102
　　二级学科就业形势 / 103
　　传统就业方向外的新探索 / 105
　　从招聘需求推导图情档学子能力建设路径 / 107
　图情档学子职场历险记 / 108
　　选择图情档的理由 / 108
　　图情档工作的日常 / 111
　　图情档的职场竞争力 / 114
　　给未来图情档学子的建议 / 116
　图情档择业的想象力 / 118
　　突破"机构化"的职业标签 / 119
　　关于信息职业的想象 / 122

参考文献 / 124

后　记 / 126

"走进大学"丛书书目 / 133

邂逅篇：初遇图情档

信息是用来消除随机不确定性的东西。
——克劳德·艾尔伍德·香农

▶▶ "玩转"信息社会

人类社会经历了从农业社会、工业社会到信息社会的发展过程，其所产生的信息和知识也在不断积累。人类知识在 19 世纪的倍增周期为 50 年；到了 20 世纪前半叶，缩短为 10 年；20 世纪 70 年代，缩短为 5 年；到互联网出现的 20 世纪 80—90 年代，几乎每 3 年人类知识的总量就翻一番。我们正处于一个"信息爆炸"的时代。那么，面对铺天盖地的信息，如何甄别真假？如何寻找信息？如何处理信息？如何使用信息技术或工具？如何才能

"玩转"信息社会?知己知彼,百战不殆。首先我们要了解信息、了解信息社会。

➡➡ 拨开云雾见信息

马路上的红灯代表着禁止通行,上课的铃声传递着"开始上课"的信息,月亮的阴晴圆缺透露了月球绕地球的公转周期……从这些事物、声音、现象的背后,我们都可以读出某种"信息"。那么究竟什么是信息呢?"信息"一词古已有之。在五代南唐诗人李中的诗作《暮春怀故人》中便出现:"梦断美人沈信息,目穿长路倚楼台。"这里的"信息"指的是"音信"。随着社会的发展,信息的内涵和外延都有了新的变化,在我们日常生活中也变得十分常见,例如,考试信息、就业信息、网络信息、政府信息等。在日常使用过程中,信息常常与音信、消息、资讯等词混用,但实际上信息一词具有更为深厚的含义,我们对信息的认识也有一个逐步深入的过程。

目前关于信息并没有一个公认的定义。控制论创始人维纳指出:"信息就是信息,既非物质,也非能量。"信息论创始人香农认为"信息是用来消除随机不确定性的东西",这个有关"信息"的定义十分经典且易于理解。试想一下,我们搜索、了解各类信息,最重要的目的就是更好地认识、辨别事物。可以说,信息是我们认识事物的媒介。我们获取的信息越完善、越充分,对信息的理解越到位,就越容易正确认识事物。同时,信息也有预测的重要功能。信息记录了过去的情况,我们依靠过去的信息可以更科学地预测未来。此外,信息还是决策的重要依据,掌握信息是决策的第一步。所谓"知己知彼,百战不殆",说明了全面而深刻、准确而及时地了解情况将提高决策的科学性和有效性;"捕风捉影""管中窥豹"则体现了信息获取不完全、不充分导致的认识偏差。

此外,信息是一种资源。在一般意义上,资源是一种可以用来创造物质财富和精神财富并且具有一定量积累的客观存在形式,如土地资源、矿产资源、森林资源、海洋资源、石油资源和人力资源,等等。信息资源则是指人类社会经济活动中经过加工处理有序化并大量积累起来的有用信息的集合,比如科技信息、政策法规信息、社会发展信息、市场信息和金融信息等,都是信息资源的构成要素。在广义上,信息资源既包括信息内容本身,又包括提供信息的设施、设备、组织、人员和资金等,即信息资源及与它有关的各种资源的总和。

可以说,我们随时随地都在信息的包围之中,信息是

促进人类社会发展的重要资源。同时,信息也是图情档学科最基础的研究对象。围绕信息的内涵定义、开发利用、传播交流等,图情档学科展开了详细研究。只有对信息有足够了解,才能真正"玩转"信息社会。

➡➡ **识得信息社会真面目**

"男耕女织,日出而作,日入而息"是农业社会的经典场景;纵横交错的公路、铁路和大规模集体生产的工厂可以代表工业社会的先进生产力。那么,互联网、电脑、智能手机等能让你联想到什么?我们现在的社会形态与农业社会、工业社会相比又有什么不同呢?要回答这些问题就必须了解什么是信息社会。

20 世纪 60 年代,"信息化"的概念出现,涉及信息资源、信息技术、信息观念、资源共享等方面。"信息化"概念于 20 世纪 80 年代引进我国,随着社会的发展,我国的信息化进程也在不断加速。党的十八大以来,我国成立了中央网络安全和信息化领导小组,做出实施网络强国战略、大数据战略、"互联网＋"行动、工业互联网创新发展战略等一系列重大决策,推动我国信息化发展踏上新征程,取得新成就。以近几年新兴的 5G 网络技术为例,截至 2020 年 11 月,我国已建成 5G 基站 139.6 万个,占全球70%以上;全国所有地级市城区、超过97%的县城城区和40%的乡镇镇区实现5G网络覆盖;5G终端用户达到4.97亿户,占全球80%以上。国家不遗余力地推动信息化建设,正是因为信息与信息技术在社会发展文明进程中的地位越来越重要,而社会各个层面的信息化则是信息社会的美好场景。

  信息社会又称为信息化社会、知识社会、网络社会、虚拟社会、后工业社会等,在农业社会、工业社会的基础上发展而来,现代信息技术高度发达与广泛应用是信息社会的重要标志。信息社会与农业社会、工业社会相比有着显著的特点。首先,知识经济出现。信息与知识对经济发展起到了至关重要的作用,成为生产力的关键要素。以知识为主导、以信息服务业为主体的知识经济成为重要的经济力量,例如得到App、知乎Live、分答等不同模式的知识付费类产品的出现就是直观的案例。其次,生活的方方面面呈现出数字化发展趋势。例如,数字图书馆(档案馆、博物馆)可以让我们足不出户浏览图书、观看展览;通过网络公开课,我们可以学习世界各国名校名师的课程;通过网络购物平台,我们可以购买世界各地的货物;等等。最后,信息社会也是一个高度网络化的社会。信息技术拉近了人与人之间的距离。微信、微博等

社交类 App 受人追捧,从前"车马慢"的日子变成了可以随时随地语音视频的日子。

信息社会其实犹如一把双刃剑,在带来生活便利的同时,也带来了诸如信息污染、信息安全、信息鸿沟、信息犯罪等问题。只有正确认识信息社会的利弊,才能够帮助我们更好地适应信息社会。

➡➡ 信息社会生存法则

如上文所言,信息是人类社会发展的重要资源,并且这些资源的数量、类型、内容等随着社会的发展不断丰富。那么,在信息社会,面对信息汪洋,如何才能最大限度地利用信息技术开发信息资源,充分发挥信息资源价值并为己所用?如何才能游刃有余地掌握信息社会的主动权?秘诀之一就是培养我们的信息素养。所谓信息素养,其实就是对信息社会的一种适应能力,主要是指利用大量的信息工具及主要信息源使问题得到解答的技术和技能。当然,随着社会的发展,信息素养的概念内涵也在逐步丰富、深化。对于生活在信息时代的我们,所要培养的信息素养概括起来包括四个方面的内容。

✥✥ 自觉树立信息意识

信息意识就是对各类信息、信息问题的敏锐程度,以及对信息的收集、分析和判断的自觉程度。例如,我们遇到一些不懂或不了解的问题,往往会说"百度一下";又如,商场、医院等地往往会设立导购台、导医台,其目的就是给人们提供咨询帮助。其实,无论是利用百度搜索问题的答案,还是主动咨询所需的信息,都是信息意识的体现。在社会层面,整个社会的运作都依赖信息的传递与接收。企业为了树立良好形象往往需要综合运用各种传播媒介,为了增加产品销量往往选择投放广告、选择代言人,等等。这其实就是一种信息的传递。因此,自觉树立信息意识有助于我们了解信息的传播特点和规律。

✦✦ 掌握必要的信息知识

开展信息活动、处理信息问题都需要掌握信息知识。例如,具备一定的有关信息的基础知识,了解信息的概念、特点、类型、作用;掌握信息收集、组织、管理、分析、利用的基本方法;掌握一定的信息技术,了解信息技术的使用方法;等等。在我们日常学习生活中,随时会运用到信息知识。当我们了解如何在图书馆利用索书号找书之时,当我们了解各类通信工具、电脑软件、App 的用法之时,当我们读懂国家的一系列信息政策之时……都是掌握信息知识的体现。

❖❖ **具备较强的信息能力**

信息能力是指人们有效运用信息知识、信息技术或者信息工具来收集、判断、表现、处理、创造、发布与传递信息的能力。可以说,信息能力是信息素养最核心、最重要的部分,是信息素养最直接的体现。信息能力让信息知识不再是"纸上谈兵",而是真操实练。我们可以快速而准确地找到自己所需的信息;我们可以熟练运用信息技术与工具处理信息问题;我们可以判断网络信息的真假……其实,在生活中的方方面面都涉及我们的信息能力。

❖❖ **树立信息道德**

信息社会中容易出现信息泄露、信息犯罪等各类信息问题,其原因之一就是部分人丧失了信息道德。例如,在网络上盗卖个人信息,随意散播网络谣言,对一些普通民众进行网暴或"人肉",下载盗版软件、视频、书籍,等等。这些有违道德甚至法律的案例的出现,都说明了部分人法律意识和信息道德的淡漠。法律是道德的底线,信息道德是减少信息犯罪的内在因素。简而言之,信息意识是指人们能否想到用"信息"来解决问题;信息知识和能力则决定了人们能否处理信息问题;信息道德则保证了人们能否做出正确合法的信息行为,从而处理信息问题。

身处信息时代,要成为一个有信息素养的人,需要做到如下几点:能够确定自己的信息需求;利用信息技术或工具收集、辨别合适的信息资源;合理地处理相关的信息问题,做出科学准确的决策。这是适应信息社会的生存法则。从图情档学科层面来说,信息是其最基本的研究对象,信息社会是图情档学科发展无法避开的时代环境。信息社会的特点直接影响了图情档学科发展的方向、目标和使命。在信息社会,信息和知识成为社会交流的关键要素,信息服务和知识服务成为市场经济活动的主要内容。我们每个人都是信息的创造者和传播者。图情档学科正是从信息社会最基本的元素——信息出发,教会我们如何掌握信息本领,更自信、更从容地面对信息社会的挑战。

▶▶ 图情档的前世回溯

尽管信息社会是直到现代才出现的一种现象,但信息却已有漫长的发展历史。如同图情档学科一样,如果追溯历史,便可发现它其实带有古老学科的基因,只是在信息技术的飞速发展下,经历了巨大的变化。因为图情档如此依赖于信息环境,为了适应和探索新的技术环境,它好像一只神秘的巨兽一般,不断吸食新的事物作为自

己的供应养料。而且，作为一门应用型极强的学科，图情档学科的发展往往受社会实践的影响，不同社会环境下图情档的发展特点并不相同。因此，我国的图情档学科在长期的发展演变过程中，不仅拥有世界上其他国家图情档学科发展的普遍经验，也具有自己独特的历史定位，是在中外交流与融合中不断成长和发展起来的。

➡➡ 中西合璧的图书馆学

"图书馆"最早源于拉丁语的"Librarium"，意指藏书的处所，后又经法语转化成英语，才有了我们今天所熟知的"Library"这个词。中文语境中的"图书馆"一词作为一种舶来品，直到19世纪经由日本才传入我国。但其实，我国古代早已出现这种承担图书馆功能的藏书处所，通常被称为"楼""院""殿""阁"，用于专门管理各种文献，并形成了包括官府、私人、书院、宗教等不同类型的藏书体系。例如，兴起于宋朝的私人藏书风气带动了私人藏书楼的建立，在某种程度上也可以称其为公共图书馆发展的一种雏形。无论是何种类型的藏书，本质上都是基于对文献的整理工作，文献是图书馆赖以生存的基础资源，离开文献也就无法构成图书馆。

图书馆学实际上正是源于对文献的整理。经过漫长的文献整理的历史实践,我国古代就已经出现了具有本土特色的校雠学,也称目录学,这也是我国传统图书馆学的重要组成部分。那校雠学究竟是做什么的呢?这个词看上去极为生僻,其实可以概括为经典的八个字,即"辨章学术,考镜源流"。如果这番表述还是无法让人理解,翻译为直白的语言,主要就是指在做学问上,按照科学的方法将相关文献进行分类,目的在于能够将与同一研究问题相关的文献放在一起去考察,对文献载体所承载的内容进行梳理和揭示,使读书治学能够有章可循,这样一来,才能真正对一个研究领域或研究问题掌握得清清楚楚、明明白白。对于古人而言,若要读书治学,必定离不开校雠学,如此看来,这门学问的重要性便不言而喻了。

然而,随着近现代社会的发展,传统的校雠学已经无法适应当代社会文献管理的需求,图书馆学作为以知识为基础建立的学科,自然也需要根据人类社会知识需求的变化而发展。随着19世纪中期中国近代社会逐渐兴起的西学东渐浪潮,西方图书馆学思想传入中国,特别是进入民国时期,欧美的图书馆学成为被效仿的对象,新兴概念更是风靡全国。西方图书馆学正式诞生于19世纪初期,德国图书馆员马丁·施莱廷格被普遍认为是这一学科的开创者,他把对图书馆的整理活动作为图书馆学

的研究对象,由此也奠定了图书馆学"整理说"的理论基础。此后,欧美国家的图书馆事业相继展开,并且伴随着美国公共图书馆事业的兴旺,图书馆学的理论取得了巨大的发展,由此衍生出的美国图书馆教育体系,对中国图书馆学影响深远。

  中国近代社会不仅吸收借鉴了西方的"图书馆学"这门理论学科,而且引入了"图书馆"这一名称,推动地方上建立自己的图书馆,使传统的藏书机构向图书馆转变。其中里程碑式的转折点莫过于民国时期创办的文华公书林,它是由美国图书馆学教育家韦棣华在武汉创立的,成功开创了中国近代公共图书馆的先河,并在不断发展中获得当地公众的认可。也因此,对公书林的管理需要更多专业的图书馆员,专业的图书馆教育则显得更为迫切。但当时的中国在这方面尚处于空白,于是留美学习便成为看似唯一的途径,这也造就了最早的一批图书馆学领域的留学生,他们通常被称为"留美图书馆学人"。这些人的学成回国也为中国当代图书馆学学科教育奠定了基础。从最早创办的文华大学图书馆科,留美图书馆学人将美国图书馆教育的方式和理念进行移植,开启我国真正意义上图书馆学的专业教育,不断培育出一代又一代的图书馆学人,方能将这一学科不断传承下去。但同时,我国的图书馆学并非仅是对西方图书馆学的复制,而是在后来的探索中走出来一条中西兼容的发展路径。既有对传统历史和文化的继承,立足中国特色;又有对西方技术理念和思想的借鉴,二者缺一不可。

➡➡ **脱胎于历史学的档案学**

档案,作为人类社会活动的原始记录,它的存在形式多种多样。如果说文字是人类文明诞生的重要标志,那么档案早在文字尚未发明前就已经出现了。远古时代的祖先为了突破时空限制,利用结绳和刻契这类东西记录和传播信息,普遍被认为是最早的档案形态。因此,对后人而言,档案往往成为历史的重要载体,几乎所有的历史研究都离不开对档案的利用,这也铸就了档案学与历史学之间千丝万缕的关系。欧洲是档案学的发源地。19世纪初,法国在大革命期间创建了第一所档案学院,对人类社会的档案事业产生了深远的影响。这所学院正是建立在历史学教育的基础上,以历史档案教育见长。之后其他欧洲国家相继效仿法国开展档案学教育,学者也越来越重视相关著作的发表,不仅使"档案学"这个名称得以传播到世界各地,而且使这种以历史学教育为基础的档案学传统得到长期延续。到了19世纪后期,北美档案学

教育逐渐兴起，却同样摆脱不了历史学研究的基因底色，正是来自历史学家在研究中对档案整理的需求，唤醒并推动了美国早期的档案学专业的发展。

除了以欧美为代表开创的早期档案学专业教育，我国的档案学是否也与历史学研究存在着某种"缘分"呢？与图书馆学的发展阶段类似的是，民国时期中西文明的碰撞与融合也改变了中国近现代档案学教育的命运。由民国政府在20世纪30年代发起的"行政效率运动"，将文书档案作为发布和执行政令的重要工具，一系列与之相关的论著出版问世。其编写者不仅有从事文书档案工作的一线行政管理者，也有大量利用档案从事历史研究的专业人士，这些人将在历史学研究中积累的经验和方法移植到对档案学的研究中，为中国档案学事业的形成与发展奠定了重要的理论基础。由此可见，中国档案学的初期建设确实离不开历史学家的努力，甚至在很长一段时期内历史学研究的思维与方法都在影响档案学的发展。

然而，这种现象不仅体现在档案学研究和实践中，也体现在学科的设计规划中。在中华人民共和国成立之初，档案学都是作为历史学的一门辅助学科存在的，并且在1982年国家教委发布的《普通高等学校社会本科专业目录》中，历史学学科门类下专门开设了"文博与档案专业"。直到历经三次目录修订后，档案学最终于1998年从历史学门类转到管理学门类，更多地与图书馆学、信息科学等学科建立联结，重点聚焦于对档案现象本身及档案工作的研究，从而形成脱离历史学的独有的知识体系。

特别是面对20世纪以来新技术革命带来的挑战，档案学也必须要不断适应社会的发展。如果说过去档案的存在形式主要以各种文献或文件为载体，那进入信息时代后则变得多样化。各种类型载体的信息都有可能作为档案的存在形式，档案学的发展也与时代和技术的变化结合得更加紧密了，重视新技术在档案工作中的应用成为档案学发展无法绕开的问题。因此，你会慢慢发现，档案学不仅通向过去，也连接当下，甚至面向未来社会。

➡➡ **二重源流的情报学**

相比图书馆学和档案学这样的学科名称，说起情报学，多多少少会让人有些困惑，甚至不禁发问：这个情报学究竟是做什么的？如果你也有这样的困惑，其实也很正常。因为在现实生活中，图书馆学和档案学所研究的对象至少都有具体对应的物质，这些具象化的事物多多少少都会给我们留下一些印象，尽管这些印象或许较为

模糊。而情报学却并非如此。这种困惑的出现是由这门学科研究对象的多样性所决定的,同时也受其发展历史中关于学科名称的不同源流所影响。

情报学这个名称其实非常具有中国特色,实际上包含两层含义:其中一层是对应欧美国家通常使用的信息科学的概念,英文表述为 Information Science(信息科学);另一层则是指偏向军事、国防领域的情报工作,这是我国古代社会就已经出现的,它对应的英文表述则是 Intelligence Studies。情报学的这两层含义相差甚远,但却融合在我国情报学学科的发展中,而无论是以 Information 为核心的情报观,还是以 Intelligence 为核心的情报观,我们都能够找到与之对应的事物。究竟这两种源流又是如何产生的,让我们简单地了解一下。

首先,从目前国际上更普遍使用的 Information Science(信息科学)源流来看,情报学的出现与现代社会科学技术的发展息息相关。尤其是第二次世界大战以来,伴随着欧美工业社会高度重视对科学技术研究的投入,新技术、新思想、新方法不断产生,致使社会信息量剧增,与此同时,社会也开始面临层出不穷的问题。而科技文献往往代表着科学研究的最新前沿,也是信息社会科技传播的重要载体,对科技文献的管理成为关键的时代命题。对此，1945年，美国麻省理工学院著名科学家范内瓦·布什（Vannevar Bush）在《大西洋月刊》发表了一篇题为《诚如所思》的文章，其中不仅创造性地提出了机器在文献信息中的处理和应用，更重要的是为科学的发展提供了新的愿景和方向，也就是让科学知识能够被更广泛地传播和利用。范内瓦·布什凭借对信息科学做出的贡献，不仅被后人称为"信息科学之父"，而且也让1945年的这篇研究论文成为情报学学科诞生的基础性标志。这也就是为什么解决文献、数据、信息的生产、传播和利用问题一直都是情报学关注的重点，因为这正是开创当代信息科学的源头所在。

其次，从Intelligence这一源流的情报学来看，传统军事和国防领域的情报工作多带有竞争性和对抗性意味，看重智慧和谋略，这一点在信息社会并没有发生本质变化，通过目前非常流行的人工智能技术便可知晓。人工智能，我们通常称之为AI，是英文中Artificial Intelligence的缩写，其中的"I"才是核心，它的重点就在于"智能"，也就是拥有大脑并能够进行分析和判断，这其实就是源于情报学中对"Intelligence"的理解，最终都是为了产生有用的知识，生成智慧。无论是在国家还是组织发展中，以"Intelligence"为核心的情报工作实际上承担了

耳目、尖兵和参谋这三种不同的角色。

由此，我们可以发现，尽管情报学学科是由两种不同的源流合并与交融的，但科学技术的进步自始至终都是其赖以生存和发展的必要因素。可以说，当代情报学实际上正是科技社会的产物，也随着信息社会的发展不断变化。

▶▶ 图情档的今生与未来

了解了图情档的前世，一行行前人的足迹还未被大雪覆盖，我们就已经走入了图情档生机勃发的春天。它如今是长出了粗壮的枝干还是开出了星星点点的花朵？它未来会长成笔直入云的参天大树，还是繁育成漫天遍野的花海？图情档的今生与未来也将随着我们探索的脚步徐徐展开。

➡➡ 学科建设与发展

在学科建设和发展方面，图情档学科的建设现状像是一幅色块鲜明的几何图画。图书馆学、档案学和情报学是本硕博三个层次的主流专业。本科阶段的核心专业除了传统的图书馆学和档案学，还有各个高校广泛开设的信息管理与信息系统专业,它为情报学硕士培养了大量生源。另外,在融学科与跨学科的发展趋势下,大大小小各级各类的新兴专业也如雨后春笋般涌现,它们大多是与其他学科交叉融合并针对特定主题领域研究产生的,如医药信息管理、军事信息管理、生物信息学、古籍保护等。

以中南大学开设的医药信息学专业为例,这个专业原本叫医学图书情报专业,归属于医学门类,后变为管理学门类下的信息管理与信息系统专业(医学方向)。目前更名为医药信息学专业,属理学门类。从该专业名称与门类的变化中不难看出,中南大学将湘雅医学院的医学专业优势与计算机学科领域优势相结合,致力于培养理工医管融会贯通的复合型人才。随着计算机技术和图情档学科融合趋势的不断发展,医学信息管理在医疗领域的方方面面发挥着独特作用,如医学图像处理、电子病例、医院信息系统等,大大提高了医疗效率,优化了医疗资源配置。除此之外,还有一些结合时代背景与社会需求产生的信息管理"微专业",如网络治理、大数据监管、数字人文等,它们都在实践中不断得到检验和完善。

全国开设了图情档相关专业的高校中,设置专业数量最多的为武汉大学,本硕博专业共计 23 个,其次为南

京大学和中国人民大学,各开设了 15 个专业。总体看,学科点数量呈现东、中、西部阶梯状分布特征,与地域经济水平发展正相关。与其他大类学科相比,图情档学科开设的新专业数量及类别都不多,属于"小众专业"。不过为了进一步扩大应用型、复合型、技能型人才规模,近年来,专家学者深入研讨,不断提出新概念、新方法,不断优化学科专业层次、类型结构。顺应时代发展趋势,谋求创新突破,图情档一级学科建设迎来了跨越式发展。

➡️➡️ 学科研究方向

在图情档众多研究方向中,有两个主要方向贯穿学科发展始终,并且占据了非常重要的地位。其中,第一个主要研究方向是学科基础理论,这是图情档各项事业发展和创新的坚实基础。以图书馆学为例,近十年重点研究方向有图书馆阅读空间资源建设与服务、图书馆法律法规及政策、图书馆阅读推广和空间再造、图书馆体系结构与功能定位、图书馆学史等。这些研究方向既包含了图书馆学的经典理论,又在这个基础上结合新时期图书馆建设的新变化、新需求,实现了理论与实践的螺旋式创新。

第二个主要研究方向则是信息服务与知识服务。无论在哪个时代,图情档学科如何发展,其根本落脚点都是服务社会与大众。所以如何彰显其"服务性"自始至终都是学科研究的核心内容。从传统的被动服务发展到主动服务,再到当下推崇的个性化服务与信息推荐服务。这些服务悄然浸润到每一位服务对象的生活中,或许你不曾留意,但却处处都能看到它的影子。例如图书馆、档案馆、博物馆也有了自主开发的应用软件,在这上面,你会收到根据你的兴趣推送的图书、展览信息;你可以在这些机构的线上社群专栏结交志同道合的伙伴;你可以足不出户在家拿到所在地区图书馆通过智慧物流系统投送来的书籍;你甚至可以通过数据库技术建立一个属于自己的档案馆;等等。

这些优质服务形成的必不可少的要素之一就是对用户信息行为的研究。随着经济、技术、社会、文化等的不断发展,图情档事业面对的服务对象群体数量不断扩大,类型更加多样,他们的需求也更加复杂。只有真正站在用户的角度,从他们的实际需要出发,对他们的信息搜索行为、阅读行为、网络社交行为、信息交互行为进行细致入微的分析,才能做到"俘获人心"。

➡➡ 新技术与新政策

凡益之道，与时偕行。学科的建设和发展亦如是。新技术的渗透与新政策的指引都推动了图情档学科重新绘就其知识版图。

一则当今是计算机、大数据、人工智能的时代，图情档学科教育与研究也正处于云计算、5G等新型信息技术高速发展的新背景下，这使得传统的体系建设从孤立走向统一、从分化走向融合。新技术也为学科创新注入生机与活力。从前我们提到图书馆学，脑海中浮现的画面可能还是寂寞独守藏经阁的"扫地僧"，如今智慧图书馆里却已经有了会开口说话、会"读人心"的机器人馆员，这样的场景在从前是无法想象的。从传统图书馆到自动化图书馆，到数字图书馆，再到如今建设得如火如荼的智慧图书馆，不断更新迭代的技术像一双充满魔力的大手，推动着图情档学科朝着人类智慧的更高处稳步前行。

二则国家的顶层设计也在为满足人民群众日益增长的文化需求而随之优化，图情档学科建设也要紧跟时代步伐，贴近时代脉搏，积极发挥学科特长，推动社会主义各项建设。例如健康中国建设中，医疗大数据平台和医疗信息化建设就是本学科视阈下的一个高质量研究课题。再如在乡村振兴战略中，乡村基层文化设施建设也是一个重要的部分，如何打造便利的符合村民需求的书屋、图书室，需要图书馆人用知识和经验不断实践。新文科建设呼吁"构建世界水平、中国特色的文科人才培养体系"，这也对跨学科复合式发展提出了要求。通过图情档学科与计算机、管理学、医学、法学、经济学等学科的交叉融合，可以打破传统学科之间的壁垒，在前沿和交叉学科领域培植新的学科生长点，从而推动人才培养模式的改良，多层次、全方位、立体化地培育出兼具技术能力与人文素养的高级研究型人才。

站在路口展望未来，我国图情档学科教育也将融入国家信息化前进浪潮，不断适应"数字强国""互联网＋"等重大发展战略，坚持培养高层次综合性信息管理人才，进一步发挥社会服务作用，突出学科社会贡献。

苟日新，日日新，又日新。每个学科的发展都必然伴随着旧思想、旧理论的没落和新事物、新概念的产生，那些经典的理论、光辉的成绩经历史的淘洗沉淀下来，成为学科宝库中的珍藏。也有不合时宜、停滞不前的被淘汰、被更新。在这个过程中，一代又一代的图情档人坚守信念，推动着这项伟大的人类精神文明事业攻坚克难、推陈出新，也鼓舞着后辈不忘初心、砥砺向前。

上山篇：图情档学科大揭秘

> 是否关心档案，是衡量一个国家文明水平的恰当尺度。
>
> ——西奥多·罗斯福·谢伦伯格

▶▶ **图情档一家亲**

放眼于更广阔的信息世界，图情档学科各专业在本质上都是信息科学家族的成员。这个家族横跨了技术、人文和社会多个维度，同时兼容社会科学和自然科学的不同领域。只是在人类社会生产力的不断发展进程中，信息交流的形式和内容逐步出现分化，导致传统信息领域原本融合为一体的图书、情报和档案工作出现了分化。然而，随着社会科学技术的发展，特别是新时代的云技术、物联网、大数据、人工智能技术日渐渗透于我们生活的方方面面，这些分化又逐渐趋向融合，使图情档内部各专业之间的联系变得更加紧密，并且通过合力发展为其他学科的发展创造更多条件。

➡➡ 信息资源管理之大融合

当我们在选择一门专业时，这门专业被授予的学位决定了其学科的归属，我们由此便可知道所学专业所在学科的谱系是怎样的。对此，我们会发现一个非常有意思的事情，我国早期对图情档学科内三个专业所授予的学位是各不相同的。其中，图书馆学被授予文学学位、情报学被授予理学学位，档案学则被授予史学学位。它们就如同三个不同血缘和种族的人，却组成了一个新的大家庭。究其根源，它们所研究的对象——无论是图书、数据、文献还是档案——实际上都属于一种特定的信息类型，只是由于信息所依附的实物载体不同而被区分。这种差别在人类尚未进入信息时代之前更为明显，例如图书馆学本身要研究的就是如何对传统的图书进行分类标记、管理保存，从而让使用者进行利用、获取知识；档案学则关注对档案载体进行妥善的保存管理，从而方便使用者获取一手的信息。但这些载体的实物形态在信息时代来临后发生了翻天覆地的变化，以至于它们之间的边界

开始变得模糊，而且人们对载体所承载信息的关注已远远超越载体本身。

于是，无论国内还是国外，图书馆学、情报学和档案学的发展从 20 世纪中期后越走越近，并且逐渐汇流到管理学这个领域，但对象主要是针对信息的管理，对信息的管理与开发利用成为图情档亟待解决的问题。这种特征趋势从 20 世纪末我国设立"图书馆、情报与档案管理"这个一级学科起就有所凸显；后来国务院学位委员会办公室颁发了《学位授予和人才培养学科目录（2011 年）》，将其学科命名为"图书情报与档案管理"；2021 年 12 月国务院学位委员会发布关于《博士、硕士学位授予和人才培养学科专业目录（征求意见稿）》，将"图书情报与档案管理"的一级学科名称更改为"信息资源管理"，图情档内部专业一体化发展的趋势越发明显。从学科名称的变化可以发现，信息已经成为国家高度重视的一种战略资源，其所拥有的价值甚至与生产资源、人力资源、财产资源等同样重要，对国家和社会发展产生了深远的影响，而图书馆学、情报学和档案学则必将成为其中长期重点发展的学科。而且随着社会发展进程不断向前推进，基于传统载体的简单的信息管理和服务已经无法满足当代社会对于信息的利用需求，人们不仅对信息的利用提出更高要求，对信息中的知识的发现也更加重视,这都是新时代图情档各专业必须面对和钻研的问题。

与此同时,随着记录信息的载体越来越多样化,对信息资源的管理也不再为图书馆、档案馆和情报机构所"独享",不同个人、团体和组织都需要对其所拥有的信息资源进行管理。因此,在信息资源管理学科下,除了图书馆学、情报学和档案学作为核心专业,编辑出版学、传播学、博物馆学、管理咨询学等专业都为其提供了必要的支持。因为与这些专业相关的机构和传统图情档机构在信息交流网络中发挥的职能逐渐融合,所以它们之间的联系随着管理实践的发展也日益密切,共同成为以信息资源管理为研究对象的专业,构成了信息资源管理的学科群。尽管表面上看这些专业好像非常不同,它们面对的信息资源对象也存在差异,但其实在对信息资源的管理程序、方法和手段上是相似的。而且,在信息资源管理的指挥棒下,将其管理的信息实现资源化,发现信息的规律并发挥其资源价值,这正是学科群内不同专业拥有的共同使命和追求目标。

正因如此,当我们学习图书馆学、情报学或档案学专业时,往往也会涉及博物馆学、出版学、传播学等专业的知识,如此才能在信息资源管理应用中构成完整的知识

体系。这也就意味着,作为一名档案学专业的学生,你所要学习的不仅是如何管理好档案这类信息资源,你还要了解图书馆资源和博物馆资源是如何进行组织和管理的,并将其进行融会贯通,因为它们之间存在的丰富联系使我们无法孤立地只耕种眼前那一块土地。当然,这并非意味着这些相关专业会失去自己的特色,它们只是关注于物体的不同面向,最终拼凑成一个完整的物体,帮助我们更加客观地认识所生活的信息世界。

而且,不仅在管理上趋同,这些专业的相似性或相近性在信息技术日新月异的发展下变得更加明显。或者说,正是信息技术的发展才造成了这些专业之间的紧密联系,并不断增强信息资源管理这个大学科群的活力。因此,除了上述这些相近的管理学专业,计算机技术、通信技术等技术类相关专业也为信息资源管理学科提供支持,并与图情档的发展相伴相生。尤其是计算机科学相关的专业知识,其实也是图情档专业知识的组成部分。面向现代社会的信息资源管理,图情档学科实际上扮演了一个"交通枢纽"的角色,这个"枢纽"不仅要联结人和信息,也就是我们常说的,将有效的信息提供给需要这些信息的用户,也要联结技术。因为当代的信息资源基本都是依附技术而生,图情档作为提供信息服务的专业,只有以开放的姿态拥抱技术,才能学会如何合理地利用这些技术实现信息的资源价值。

➡➡ **新文科建设的助力器**

如今,世界正经历"百年未有之大变局",其中的变化涉及我们生活的方方面面,人类社会面临的问题只会越来越复杂,通过提升教育加强人才培养必将成为我们应对大变局的重要途径。然而,相比以往专业化人才的培养,复合型、跨学科的人才更加适应当今社会的发展需求。因此跨学科、交叉学科是近年来高等教育非常重视的领域,尤其是文理融合的发展成为其中一个重要趋势,将技术融入文学、艺术、哲学、历史等传统人文课程教育的模式也在全球得到了推广。我国为了加强相关领域的跨学科人才培养,于2018年8月在相关文件中正式提出"高等教育要努力发展新工科、新医科、新农科、新文科"。2019年4月,教育部、中央政法委和科技部等13个部门在天津联合启动"六卓越一拔尖"计划2.0,推动文件中的"四新"建设正式实施,其中关于"新文科"建设在社会各界引发了热烈的讨论,成为我国高等文科教育长期发展的重要方向。并且,从2020年11月新文科建设工作会议上发布的《新文科建设宣言》可以看出,新文科建设不

仅对于哲学社会科学的发展至关重要,也是提升文科含金量关键法宝。

新文科中的"新"并非相对于"旧"而言,而在于"创新"和学科交叉教育,以解决社会现实需求为导向,发挥文科教育的真正价值。如果说信息资源管理学科的大融合是聚焦于图情档内部专业的一体化发展,新文科建设则为图情档学科同外部其他学科和专业的交流与融合提供了千载难逢的好机会。而且实际上,从图情档学科发展历程可以看到,图情档学科的发展本身就是新文科建设的一种路径。新文科创新的实现关键在于学科交叉,包括文理交叉、文工交叉以及文医交叉等。而图情档在向管理学聚拢的过程中,既不是纯粹的文科,也不是理科,甚至还会吸纳工科和医科的专业知识;相比其他以文科见长的学科而言,交叉学科的属性在图情档学科尤为显著。例如,在图情档学科风靡的研究领域内,大数据管理依赖于数学、管理学和计算机等多方面要素,是典型的文理交叉;健康信息学则需要来自信息学、公共管理学、公共卫生学、医学等多个维度的知识储备,充分体现了文医交叉的特征;智慧图书馆则跨越图书馆学、环境学、建筑学等不同领域,是文工交叉研究的结合。

由此可见,对其他学科知识的引进与融合已经深入图情档学科的骨髓,因此我们往往强调图情档就是要培养宽口径、厚基础、视野开阔的复合型人才。在新文科建设下更是如此,能够将各种学科的知识和技能融会贯通,是图情档学科的一个重要优势。当然,图情档也并非只是"消费"其他学科,同时也能够为其他学科提供服务、创造价值。如果将图情档放置在整个人文社会科学背景下,玩转数据、信息、知识是图情档的核心竞争力,也是其学科发展的基础,特别是其所提供的技术和方法对于解决社会不同领域的问题发挥着重要作用。这对于传统人文学科和社会科学学科而言至关重要,因为这些学科要适应当代社会的发展,就必须从方法、工具和应用层面实现创新与突破,这些正是图情档学科的王牌技能。正如在前文所提到的关于信息资源的管理,图情档在新文科背景下仍要继续关注信息资源的基础设施建设,通过对这些资源的组织、管理、制定标准、开发便于利用的平台和工具等,为新文科建设中的其他学科提供必要的服务和支持。

另外,在具体实践中,团队合作往往是推动新文科建设的一种主要形式,而且拥有图情档学科背景的人通常会成为这些团队中的闪光者,随处可见他们活跃的身影。

这与上文我们提到的信息时代图情档学科拥有的联结角色密不可分,这种联结有助于打破不同学科之间的壁垒。以当下各种数字人文项目作为新文科的代表,它们也最能体现新文科建设的成效。数字人文项目主要用于服务传统人文研究,进而服务社会不同群体的实际需求,以文学、语言学、历史学等传统人文学科的专家作为主要参与者,但是其中对技术和人文思考的联结是关键。面向数字环境的挑战,只有实现人文思考与数字技术的双向融合,才能弥合技术发展与传统人文研究之间的鸿沟。因此,数字人文项目是一个典型的多学科参与合作的模式,这种合作不仅跨越不同学科或行业,甚至跨越不同族群与国家,而图情档专家正是实现这些跨越的桥梁。

▶▶ 图情档耕耘图

从自然学科到人文社会学科,所有的研究者都像一个拓荒者,在未知的领域不断耕耘探索,一点点拓宽人类的知识领域。从图情档学科诞生发展的历程来看,图情档学科的研究对象、研究技术方法、研究内容等都随着社会环境等的变化有了一定的改变。那么,接下来,我们就来看看图情档这么多年都有何耕耘,有何收获。

➡➡ **图情档研究什么？**

古希腊伟大的思想家、哲学家柏拉图曾提出一个终极哲学命题"我是谁？我从哪里来？我要到哪里去？"在哲学层面，这是一个寻找本源、认清自我的问题。类似地，图情档学科建设发展的基础也需要剖析"图情档是什么？图情档如何发展？图情档要做什么？"等等，这些都是图情档需要不断探索的问题。那么具体来看，图情档学科的研究内容主要有哪些呢？

✥✥ **图情档的基础理论研究**

基础理论研究一般是指对学科对象具有普遍的、基础意义的规律性问题进行讨论。如果将图情档专业的研究版图看作一个圆，那么基础理论研究则是圆的中心部位。图情档的基础理论研究包括图情档最基本的研究对象、概念和理论，图情档的学科体系结构和学科性质、图情档学科方法论，图书馆、档案馆等信息机构的性质与职能，学科思想史，等等。以图情档学科性质为例，在机构层面，在古代就有类似图书馆、档案馆的场所；在学科层面，图情档与哲学、历史学、经济学等学科相比仍是一个年轻且正处于不断发展中的学科。图情档及其下属学科经历了从文学、工学、史学到理学，再到管理学的变化过

程。这个过程也是图情档对自身学科定位、学科归属的不断认识的过程。图情档基础理论研究的一个根本取向就在于努力超越工作实践与现象,以最宏观、最高层次的理论概括,揭示图情档学科研究对象的本质、特点和规律,同时又能反过来指导图情档工作实践。最基础的往往也是最重要的,基础理论研究于学科而言,犹如树之根基,是一个学科专业建设发展的基础。

❖❖ **图情档应用理论与应用方法研究**

图情档工作是面向用户服务的。要想做好用户服务,就必须认真研究图情档工作各个环节的理论与方法。图情档应用理论与应用方法研究主要就是为了给图情档机构和事业建设提供理论指导与技术支持,即根据图情档工作实际发展需要,着力于解决图情档工作实践中所出现的较具体的各种理论和技术方法应用问题。更具体而言,图书馆学、档案学、情报学三个学科均有本学科自身的应用方法与理论。图书馆学的研究对象是图书馆及相关因素;档案学的研究对象主要是档案、档案工作及档案事业;情报学的研究对象则是情报及情报工作。以图书馆学为例,图书馆学应用理论与应用方法研究包括文献信息资源建设与协调、文献编目工作、信息整序标引、图书馆建筑设备、文献信息检索与利用等。

除了上述研究内容之外，图情档的研究内容还有图情档政策法规研究、图情档标准化研究、图情档专业教育研究、中外图情档学科的比较研究等。此外，图情档学科也在不断挖掘具有特色和价值的研究内容，比如古文献研究，通过对古籍文献、史料文献、少数民族文献等的整理、利用和开发，深挖机构、地域、国家文化资源。作为一个可塑性强的学科，图情档还有更多的研究内容等待着人们的探索。

➡➡ 图情档与信息，不得不说的事

数据与信息一直以来都是图情档研究的重心与焦点。可以说，图情档是专门与信息打交道的学科。因此，图情档围绕信息的产生、传播、收集、组织、分析、利用等过程开辟了十分具有学科特色的研究版图，在现有的学科门类中形成了自身的研究特色。

❖❖ 图情档眼中的信息传播

在信息时代，人们每时每刻都在有意或无意地生产和传播着大量信息。在日常工作中、与他人交往中，我们都可能成为信息的接收者和传播者。可以说，信息的交流传播是人类社会和自然界最普遍的现象。萧伯纳曾说，你有一个苹果，我有一个苹果，彼此交换一下，我们仍

然各有一个苹果；但你有一种思想，我有一种思想，彼此交换，我们就都有了两种思想。交换思想，在某种意义上也是一种信息交流。对于图情档学科而言，信息交流传播活动是信息研究的核心内容，涉及信息交流的内容、信息交流的模式与特征、信息分布、信息交流用户行为与心理分析等。以信息分布为例，在信息的交流传播过程中，信息的产生与分布容易出现"马太效应"。例如，微博、微信、抖音等网络平台集中了大量用户；图书馆中有些书被频繁翻阅，而部分书却无人问津；名人的书籍、影视作品往往比新人更受关注……这些现象的背后都隐藏了信息传播过程中的"马太效应"。除了生活中的这些现象之外，在学术研究的视角中信息传播的规律又是怎样的呢？例如，不同期刊发表的学术论文数量如何分布（布拉德福定律）、在文献中不同词汇的使用频次有何特点（齐夫定律）、信息的增长与老化有何特点（文献指数增长律）等。这些疑问都可以在图情档学科中找到答案。

✤✤ 如何寻找信息？

寻找各类信息是生活中的常见场景，同时，寻找信息也是我们应对环境的方法之一。站在图情档的角度，寻找信息则是在一定的信息需求推动下产生的信息行为。可以说，从出生那一刻起，我们就在环境与自身动机的驱动下寻找有助于满足我们各类需要的信息。例如，在图书馆中寻找所需书籍，无论是出于自身的阅读兴趣，还是出于学习工作的需要，借书都需要经过以下的步骤：首先要确定书名或关键词，然后通过检索书号找到那本书所在的位置，最后通过借还系统借走那本书。在这个过程中，书籍如何分类、编目、典藏、流通等，读者如何检索书籍等，借还书所用到的检索系统、借还系统等，都是图书馆学所研究的内容。类似地，档案的加工整理、入库移交、档案鉴定等是档案学所研究的内容。

更抽象一点来看，寻找信息的过程通常涉及两方面的内容，一是信息如何整理、组织、呈现，二是信息如何检索。其中，信息组织是指为方便人们检索、获取信息而将庞杂、无序的信息进行系统化和有序化处理的过程，研究内容主要涉及信息组织的基本原理与方法（分类法、叙词法等）、信息组织工具（《中国图书分类法》《中国分类主题词表》《杜威十进制分类法》等）、文献标引的规则方法技术等；信息检索在狭义上指根据信息需求找到信息的过程，研究内容主要涉及信息检索的原理与方法、各类数据库和检索系统的利用等。在信息社会，数字信息资源的产生、传播、使用与传统信息资源大为不同。在这种背景下，数字信息资源的检索与利用显得尤为重要。而以上

这些内容，恰好都是图情档研究的基本内容，也是图情档的看家本领。

✥✥ **如何利用信息？**

信息是我们认识世界的手段和途径，也是我们改造自身、影响环境的工具。因此，一系列围绕信息开发与利用的产业部门迅速发展壮大起来，信息的开发利用活动也成为各项社会活动的中心环节。对于图情档学科而言，如何更充分地开发利用信息是开展信息研究最终的目的。图书档案机构有着天然的保护文献档案的职责。那么如何利用浩如烟海的信息，使之为我所用，发挥价值呢？图情档学科能够精准识别信息的属性或特征（信息分析），将其转化为我们所需要的东西。当然，信息分析不仅仅要辨别真假，更要对信息的核心内容、关键数据进行分析。图情档学科有一整套的信息分析方法、工具、模型。例如，针对文献信息的文献计量学方法、从大量数据中通过算法搜索隐藏信息的数据挖掘技术、利用可视化的图谱形象展示信息关联和数据规律的知识图谱等。此外，推动信息共享也是图情档的责任之一。尽管在信息社会中，信息无所不在，但不同地区、不同人群之间仍存在"信息鸿沟""信息贫困"。常见的图书馆馆际互借、电子图书、网上多媒体、数字图书馆、网络数字资源共建共享,其实就是为推动信息共享所做的努力。图情档作为一个致力于信息领域研究的学科,推动信息共享是其使命之一,也是图情档需要研究的重要课题。

➡➡ 图情档与其他领域的融合交流

学科的交叉融合是未来科学发展的必然趋势,也是促进科技长新的重要推动力。从图情档的发展历程可以看出,它并不是一个单纯的文科或理科。图情档学科具有较强的兼容性、适用性和延展性。在其发展过程中,由于社会发展环境的变化,图情档不断调整自身的发展定位,积极吸收其他学科领域的养分,一方面取长补短,推动自身的转型发展,另一方面则与其他学科领域融合,不断开辟新领域,研究新对象。

❖❖ 他山之石,可以攻玉

每个学科都有自己的"看家本领"和"独门秘籍"。在某种意义上,不同学科给我们提供了看待世界的不一样的视角。因此,将其他学科的理论知识运用到图情档学科研究之中,往往可以取得不一样的效果。例如,将社会记忆理论引入到档案学研究之中,逐渐形成了档案记忆观,从集体记忆、社会记忆视角来看待档案、档案工作以及档案工作者;将心理学与图书馆学相结合,便形成了图

书馆心理学,运用心理学理论与知识体系分析图书馆中各类人群的心理属性、心理特征及心理规律等,主要包括图书馆员心理研究、读者心理研究及图书馆管理者心理研究等内容。与之类似的还有图书馆经济学、图书馆建筑学、图书馆社会学、图书馆统计学、情报社会学、情报语言学等。

✥ 兼收并蓄,开创新领域

图情档与其他学科进行交叉融合,开展了许多跨学科的研究,从而产生了交叉复合型的研究领域或学科。例如,与商业领域融合发展后,形成了竞争情报。第二次世界大战之后,日、美及欧洲发达国家之间的商业竞争伴随着信息技术和互联网的发展而逐渐激烈起来。在此过程中,竞争情报逐渐发展壮大,可以说,竞争情报是战略管理兴起和市场竞争激化的产物。特别是 20 世纪 90 年代以来,由于互联网技术的快速发展,众多企业建立了竞争情报系统或者部门。发展至今,竞争情报已成为关于竞争环境、竞争对手和竞争策略的信息和研究。竞争情报的出现,就是图情档在发展过程中与社会需求相结合的一种体现。与之类似的不胜枚举,例如,与商业领域融合还发展出了知识管理;与出版领域融合发展出了数字出版;与公共管理领域融合发展出了政策分析、智库研究;与计算机领域融合发展出了文本分析、机器学习、知识图谱、数据仓储、数据挖掘等。这些新的研究领域是图情档学科与其他学科交叉融合、呼应社会需求的产物,它们的出现赋予了图情档学科新的活力。

寻宝篇:图情档之文化密码

> 我们湮没在信息碎片的海洋里,却没能掌握知识的帆;我们在自诩掌握了知识的自负中,却忽略了驾驭知识的智慧。
>
> ——托马斯·斯特恩斯·艾略特

▶▶ 用图情档滤镜看世界

我们对世界的认识往往由看世界的方式决定,就像照相机的滤镜一样,不同滤镜下物体呈现的景象各不相同。在这一节,我们主要透过图情档的学科视角去观察世界,透过图情档的滤镜,我们将会发现图情档专业其实如此贴近我们的生活。大到国家和社会,小至个人生活,图情档专业知识的作用无处不在。从国家层面看,情报工作是国家进行社会重大决策的基础性工作,其中近

80%的现代情报工作都来自开源情报,通过开源情报分析做出的预判已经成为国家安全建设中不可或缺的保障性因素。从社会层面看,图书档案工作并非单纯地对图书档案资料进行保存,更重要的是参与社会记忆的建构、传承与保护,尤其是档案作为社会记忆的主要"原料"与"素材",将成为我们认识当代社会及其变迁的重要途径。从个人日常生活层面看,树立信息意识、培养信息获取和信息分析能力,已经成为信息时代必备的个人技能。从高考志愿填报,到旅行规划及机票和住宿预订,信息检索技术发挥的"魔力"将超乎我们的想象。

➡➡ **信息侦察兵:开源情报与国家安全**

提到情报职业,我们首先联想到的画面会是什么?是《007》里风光无限的詹姆斯·邦德?是《碟中谍》里挑战各种高难度任务的间谍小组?还是《谍影重重》里低调冷静的独狼杀手?不得不承认,这些剧情刺激、疑团重重的特工电影,使我们对于情报工作充满了神秘的想象。实际上,情报活动是人类社会中普遍存在的一种现象。回顾世界发展历程,无论是从美洲大陆到亚欧大陆,还是从帝国主义时期到后殖民主义时期,情报工作经历的历史浮沉与国家发展的兴衰或相交或背离,甚至成为国家

生存发展中重要的历史转折点。我国古代兵法典籍《孙子兵法》被各国情报工作者奉为圭臬,它总结的关于情报的智慧恰恰揭示了这种规律。《用间篇》中论道:"故明君贤将,所以动而胜人,成功出于众者,先知也。先知者,不可取于鬼神,不可象于事,不可验于度,必取于人,知敌之情者也。"其中重视"先知"的情报思想不仅重视战争背景下情报工作对于一个国家发展的重要性,而且同时关注如何利用人力进行情报的获取、传递及分析工作。这种人力情报的传统也根深蒂固地烙印在国家的情报活动中,由此也形成了人力情报活动中一类特殊的工种,正是我们在电影中看到的特工或间谍形象,这类情报工作主要通过秘密性情报活动维护国家安全,赢得军事战争胜利。

但随着国家竞争和世界格局形势变幻莫测的发展,加之信息环境的高速变化,与国家安全相关的情报工作已经不再是传统意义上的秘密情报,其内涵逐渐扩展至政治、经济、文化、社会等各领域,情报工作也经历了由传统人力情报向开源情报转变。而且在传统与非传统安全交织的新形势下,开源情报也已成为广义国家安全情报的主要部分。所谓开源情报,实际上就是利用公开信息进行情报分析,以此解决现实的情报需求。与传统人力情报最大的不同在于,开源情报强调的是情报工作本身的公开性。这才是图情档学科中情报研究关注的重点，我们所学习和研究的情报工作并不是用秘密手段获取秘密信息，而是关注如何通过公开合法的信息渠道去获取所需要的信息，并且通过强化各种信息侦察能力，辨别信息的真伪，看到别人看不到的东西，最终提取出能够解决需求的有价值的信息。这些信息也许来自一篇文章或一段口述，抑或来自一张照片或一个广播节目，等等，它们都有可能作为开源情报分析的对象。如果孤零零地看这些信息也许没有任何意义或价值，但通过加工将这些碎片式的信息整合在一起就有机会获得有实质意义的信息。

由此，我们可以看到，生活中那些看似不经意的信息却能够经由开源情报分析变为"预测未来的水晶球"。这种预判未来的"超能力"不仅为国家赢得竞争优势，也在国家应对危机甚至战略预警上发挥着不可替代的作用。国际上目前已经形成了众多开源情报体系网络，利用不同渠道的公共卫生信息进行疫情的监控和报告，服务于疫情防控工作。其中较为著名的包括哈佛大学和麻省理工学院联合开发的健康地图项目（Health Map），使用专家意见、网络新闻、报告等多渠道信息来监测疾病爆发；世卫组织与加拿大政府共建的"全球公共健康情报网（GPHIN）"，利用不同来源的公共卫生信息和医学知识，

促进疾病监测、情报交流、医学研究和应急应对等方面的合作和咨询。

➡➡ 记忆建构师：档案与社会记忆

一篇日记、一张照片、一份文件……甚至一条微博、一条微信朋友圈都能勾起我们对一个人、一件事的回忆。我们在成长过程中形成了自身的记忆，而我们所在的家庭、民族、国家则同样拥有家庭记忆、民族记忆、国家记忆。这些记忆如何保存流传呢？书籍文献、档案资料、节日庆典、仪式礼仪、风俗习惯，乃至建筑空间都是记忆的重要载体。从远古的结绳记事，到书籍档案中的文字记录，再到如今的数字技术带来的数字记忆，几千年国家与社会的记忆、几十年个体自身的记忆，或是口口相传，或是通过书籍文献、档案资料、影像资料记录流传下来。在这个过程中，存放书籍、档案、文物的图书馆、档案馆、博物馆和一批批专业的图档博馆员都发挥了不可替代的作用。

档案并不全都是代表着过去，它也在记录当下和联系未来。此外，档案还是促进社会认同的重要"原材料"。我们常说的民族自豪感、文化自信都源自我们对国家和民族的深刻认同。档案馆中的档案资料，纪念馆中陈列的档案文物，都能让人想起某个身份、某个事件、某个人物，或者某段历史。档案便是通过构建社会记忆来促进社会认同。在这个层面上，档案工作不仅仅是单纯地保护档案文献，更在于铭刻档案文献背后的文化意蕴，以及在历史长河中形成的社会记忆。因此，档案工作者可以看作社会记忆构建者，档案的收集与整理是社会记忆工程的重要内容。当档案工作者选择将何种档案放入档案机构，在某种程度上就已经参与到对社会的"记忆"或"遗忘"之中。

除了传统档案工作之外，各类记忆项目成为保存和构建社会记忆的重要途径。例如，为了避免对社会记忆造成无法挽回的损失，联合国教科文组织于1992年设立了"世界记忆项目"（MoW），目标是保护文献遗产，促进文献遗产的利用和传播，提高公众对文献遗产重要性和保护文献遗产必要性的认识。截至2017年，我国已有包括中国传统音乐录音档案、南京大屠杀档案、甲骨文等在内的13项档案文献入选世界记忆名录。随着记忆项目兴起，一些欧美国家在这一领域开展了卓有成效的探索，如"美国记忆""荷兰记忆""新加坡记忆""波兰记忆""俄罗斯记忆"等，这些工程都取得了良好成效，积累了大量宝贵经验。

我国同样开展了记忆项目的相关实践。例如,我国档案部门主导参与的社会记忆保护活动——"城市记忆"工程便是典型代表。"城市记忆"工程发端于1999年冯骥才发起的"抢救天津老街"历史文化保护活动。2002年,青岛市档案部门率先开展了"城市记忆工程",主要针对街道、小区、广场、村庄、特色建筑、风景名胜,具有悠久历史的机关、团体、企事业单位工作场所进行拍摄。自2002—2006年,青岛市档案馆通过拍摄影像和文字记录,形成了850条主要街道、120个城市和村庄、195个企事业单位、80座优秀建筑、60个风景名胜、116个居民小区、40个古遗址、76个里院建筑、37个名特优产品、15条河流、100多个建设项目等共计1752个项目的2万多分钟录像档案和2万多张照片档案,在国内率先形成了规模化的城市面貌档案库。在青岛开展"城市记忆工程"之后,武汉、北京、上海、天津、重庆、广州等城市也相继推出城市记忆项目,并逐渐向地级市和区县辐射开来,得到越来越多地区的关注和响应。

随着信息技术的发展,如何利用数字技术构建数字时代的记忆成为档案工作新的发力点。数字档案与传统档案文献相比,拥有易于传播、形式丰富、储存量大等多种特点,实现了文字、图片、声音、影像等多种资源的联通互补,同时也在数字记忆的补充、添加、修正以及开放式构建上拥有更高的便利性。其实,数字记忆的建构与我们的日常生活也息息相关,QQ空间、网络日志、微博、朋友圈等都是用数字手段记录记忆的体现。在这种背景下,数字记忆项目逐渐兴起,甚至建立了官方网站。比如"记忆四川"非遗主题网站,对四川的非物质文化遗产进行了集中展示。类似的还有"北京记忆""上海年华"等网站,都将地区记忆进行了数字化的表达与传播。2019年4月19日,国家图书馆互联网信息战略保存项目在北京启动,首家互联网信息战略保存基地落户新浪。这个项目是为了联合国内各信息保存机构,在全国范围内构建分级分布的中文网络信息资源采集与保存体系,保存互联网时代的国家记忆和数字遗产而启动的。也就是说,我们在微博上发布的博文、图片、视频、评论、点赞都将被收藏保存。

  档案可以看作是一种对实践活动的记录,而这些记录反映了个人、组织、社会、国家成长发展的轨迹和历史,也体现了一种文化记忆和印记。图书档案等文献资源既是记忆的重要载体,又有参与记忆构建的重要功能。图书档案机构不仅承担了保存文献、档案、文物资源的基础责任,更承担了保存、构建社会记忆、民族记忆的重任。当我

什么是图书情报与档案管理？

们走进图书馆、档案馆，我们翻阅的不只是冷冰冰的记录，而是一段有温度、有情感的历史和记忆；作为图书馆员、档案馆员，并不是单纯地收集整理图书档案资料，也在有意或无意地参与到社会记忆、文化记忆的构建之中。

➡➡ 超级检索术：信息检索与个人生活

在备受年轻人推崇的视频网站 bilibili 上，曾有一位视频主播发起一项名为"侦探挑战赛"的活动，要求根据网友随机提供的一张照片挖掘出最多的信息。其中，根据一张透过飞机窗户航拍的照片，一位博主凭借极少的信息便找出了这架飞机所在的位置和航班号，令不少网民都惊呼神奇。那么这位博主是怎么做到的呢？首先，这位博主从照片中得到的基本信息有机翼上的飞机注册号和航拍途中地面的大致景观。通过查询飞机的注册号可以得知该架飞机的基本信息，如机型及所属的航空公司，接着可以检索到当天由该航空公司及该型号客机执飞的航线。而从地面的大致景观中可以得出的信息有方位、河流、岛屿，从而综合以上信息判断出地形、河道宽度，并通过检索和比对卫星地图中航线所经过的区域及满足地形特征的区域，即可得出最终结论。

相信不少人都会为这番精彩的"侦探揭秘术"拍案叫

绝,但其实这个"破案"的过程与信息检索技术可谓不谋而合。从上文的揭秘过程可以看出,博主"破案"的秘诀就是通过少量或模糊的已知信息、简单的逻辑推理以及基础的信息搜索技巧进行信息的搜寻、加工、整理、组织,从而形成所需要的信息集合。只要具备上述思维方式和一些简单的信息检索技巧,人人都可以是"大侦探"。在这个信息爆炸且时空限制被互联网打破的时代,能在最短的时间内精准获取所需要的信息,就能更大程度地通过信息不对称获益。高效是我们在解决问题时的重要目标,也是信息检索在实际应用中的必然结果。

还记得开篇提到的信息社会生存的秘诀吗?信息检索能力的修炼恰恰是掌握这个秘诀的重要途径。当我们逐渐形成了利用信息去解决问题的意识,开始思考如何在生活、学习中利用信息检索能力提高效率、降低成本,我们便已经初步具备了信息意识;在解决问题的过程中,我们会通过实战不断提升信息获取能力以及利用信息解决问题的能力;上述思想及行动上的武装正是培养我们信息素养的过程,使我们获得能够随时随地识别信息需求,并有效地搜索、评估和使用所需信息的能力。想知道你是否已经具备了这些能力吗?不如通过角色扮演,实操一番。

什么是图书情报与档案管理？

　　假如此时的你是一名刚结束高考的学生，想必摆在面前的头等大事便是填写高考志愿。已经树立了信息意识、掌握了信息获取能力的你，便能在这人生中的第一个重要关卡获得审慎的力量、选择的智慧和抓住机遇的勇气。在搜索引擎中检索"高考志愿填报指南/攻略/技巧"后，你已经知道了常规情况下填报志愿需要遵循的一些基本准则和注意事项。接下来，就是关键的信息搜寻阶段了。你可能想获取的信息有意向学校或专业的排名、师资、环境、口碑、历年分数线甚至是食堂的特色菜，该如何下手呢？直接在搜索引擎中输入该学校的名称吗？还是缩小信息源的范围，实现精准搜索呢？其实你可以拥有更多选择，例如前往高考志愿填报的官方网站，如中国教育在线或各省市招生网站查询相关信息；或通过专业的高考志愿填报信息集成平台，如夸克 App 推出的高考志愿填报辅助功能等实现相关信息的一键式获取；又或选择最直接且权威的渠道，通过各高校的招生官网查询学校信息及历年招生情况。

　　填报完志愿后，你终于松了一口气，期待着录取通知书的到来。此时此刻，你或许计划着一次毕业旅行，而制作攻略则是这趟旅行的开始。勤劳者可能选择自己规划、制作一份独一无二的专属攻略，也有人为了节省时间直接找一份他人做好的攻略进行参考。然而无论是自己规划，还是寻找已有攻略，我们都需要进行检索。在搜索引擎中输入"行程规划"，我们可以找到供同行多人一起编辑的行程助手软件，或者提供行程定制服务的网站或商家，还可以找到网友提供的行程规划模板和他们的规划经验。根据相关软件、网站、模板的指引，我们可以继续利用信息检索进行更加细致的规划。例如，如果本次行程的目的地不止一个，我们怎样才能找到性价比最高，同时行程规划合理的机票呢？这对我们的检索策略和智慧又提出了进一步的要求。对此，我们可以细化检索方式，如将"目的地＋机票"换成"多个目的地＋环球机票"，还可以明确检索范围，如在航空联盟公司或环球旅行组织的官网而非具体某个航空公司的官网进行搜索。另外，在旅游信息集成网站或搜索引擎中输入"特价/经济型酒店""穷游""青年旅社"等词条就可以快速找到性价比较高的住宿方式。这样一来，关于行程规划中最重要的交通和住宿，我们大多都能在信息检索的帮助下获得较为满意的结果。

经过一番"扮演""游历"，我们不难感知信息检索并不是冷冰冰的学科专业名词，它在我们的生活中已是"润物细无声"般的存在。它是鲜活的、温暖的、无处不在的、

充满力量的。它是我们看待世界的视角,也是我们在生活这个战场中奋力拼搏的武器。对个人来说,对特定信息的识别、分析、判断、吸收的敏感性和自觉性,以及通过信息检索获得信息的能力是影响我们解决工作、生活中各种问题的能力的重要因素,从组织、社会、国家的层面亦是如此。如何充分利用信息资源,避免重复劳动;如何找到终身学习之径,适应社会发展需要,是身处当下的每一个公民必须思考的课题。从意识到实践,从迈出第一步开始,时代信息浩如烟海,但大门永远为你敞开。

▶▶ 是信息专家,更是知识导航员

图情档作为信息领域的重要学科力量,如何才能屹立在学科之林?有何独门秘籍?正所谓"没有金刚钻,不揽瓷器活儿"。这一节,我们主要来了解图情档的拿手绝活,了解图情档专业人才的多重身份。

➡➡ 从文献到知识,涉猎广泛

数据、信息、情报、知识,你能分辨出这几个词的区别吗?实际上,无论是数据、信息还是情报、知识,都是图情档的研究对象。

❖❖ 文献信息服务，舍我其谁？

管理图书档案是图情档机构最基本的工作，文献服务也是图情档学科最基础的能力。无论是信息管理还是知识管理，都是从文献管理的实践和理论中发展而来的。但是随着文献的载体形式不断变化，图情档的文献管理与信息服务也在与时俱进，从人工管理走向了智能化管理。目前，图情档的文献管理与信息服务不只是对文献进行分类、排列、整序，更是聚焦在文献管理系统工具、信息素养教育、学科服务等方面。例如，大部分高校图书馆都提供了学科服务。所谓学科服务，就是图书馆为了准确掌握各学科的教研工作对文献资料的需求，增强图书馆与各学科师生的联系，为不同学院或专业配置学科馆员，并由学科馆员提供嵌入式的文献信息服务。举个例子，法学院的学科馆员必须要充分掌握文献服务技术和理论，同时也要对法学院的文献信息需求，以及法学相关理论知识、法学相关研究成果和资料有所了解，这样才能服务好法学院师生。

❖❖ 提供我们想要的知识

除了基础的文献信息服务，信息采集和知识组织也

什么是图书情报与档案管理？

是图情档的核心能力之一。试想一下，图书馆有成千上万本图书，每本书里也有无数的知识点，我们是否每次都能迅速而准确地找到自己所需要的知识？如果将这个寻找知识的范围扩大至所有数字图书馆，或者是整个互联网，那又如何才能在浩瀚如星海的信息中寻找特定的有用知识呢？随着信息量的爆炸式扩张，单纯的文献服务难以满足用户多样化的需求，图情档的文献信息服务需要从单纯的书籍文献，深入到书中的知识点。也就是说，不仅仅是找到这本书，更要找到书里的知识点！图情档是知识研究领域的重要力量，也是知识组织的先行者。知识组织就是通过整理、加工、引导、揭示、控制等一系列组织化过程，揭示知识单元，挖掘知识关联的过程或行为，目标在于对知识进行整序和提供。一般而言，知识组织过程包括了知识的提取、重组、表示、存储和学习等阶段；知识组织方式主要可分为基于知识元素和基于知识关联。分类、聚类、元数据等知识组织方式属于前者，概念网络、知识地图等知识组织方式则属于后者。当我们用关键词在搜索引擎中检索便可以找到相关信息，这实际上就是在网络中运用了关键词法来组织知识。虽然最终呈现给用户的是检索结果界面，但是背后如何在海量信息中提取关键词、呈现检索结果,都是知识组织会涉及的研究领域。除网络检索之外,微博上的关键词标记、百度百科的知识体系、淘宝上的产品分类等都是知识组织的表现。图情档开展知识研究,就是为了更快、更准确地给用户提供知识服务,帮助我们在茫茫的信息海洋中找到最符合需求的知识。

➡➡ **无所不知的咨询服务**

当我们在现实生活中遇到不理解的事物,第一时间会想到如何解决呢?是上网"百度一下",还是问问身边有经验、了解情况的亲友?如果将场景变换一下,当我们在图书馆遇到文献检索的困难、学习工作中的困难,我们又该如何处理呢?这时候,我们可以求助于图书馆的咨询台。当然,在图书馆中寻找咨询台,咨询相关问题只是咨询服务的一种。通常来说,以专门知识为基础的,运用专业人才智慧,帮助人们解决各种特定问题的活动都可以称为"咨询"。咨询活动古已有之,从个人、家庭到企业、公司,又或是一个地区、国家等都需要咨询。尽管咨询活动在不同时期有着不同特点,但实质都是针对专门问题进行的智能化、信息处理和参考指导。因此,咨询活动离不开对信息的检索、处理、加工和分析。从这个角度

来说，图情档有着开展信息咨询的天然优势。从咨询的业务范围来说，可以分为以下几类：

❖❖ 文献信息咨询

图书的文献信息咨询又称为"参考咨询"，是指图书情报部门的专业技术人员为用户提供利用文献、寻求知识和情报等方面的帮助。参考咨询活动主要就是通过协助信息检索、解答用户疑问和专题文献报道等方式向情报用户提供事实、数据和文献线索。图书馆咨询馆员为我们排忧解难的过程实际上就是参考咨询的过程。当然，随着图书馆业务的发展，参考咨询服务也有了一定的变化。比如从最初的帮助读者，发展到情报信息服务；从着眼于馆藏到提供情报源和知识源；从手工检索、电话咨询到计算机检索、网络咨询；等等。

❖❖ 决策与战略咨询

决策与战略咨询主要是指利用综合知识为政府和企业制定各类发展战略、规划、政策、建设方案等提出建议、对策或论证。在古代，谋士、幕僚、军师的主要作用便是出谋划策，提供决策咨询服务；而在现代社会，智库、政策研究机构则提供了大量的决策咨询服务。实际上，在我们的生活中，很多政策出台都是经过了众多智库专家的调研论证。情报工作素来具有"耳目、尖兵、参谋"的功能,可以说,情报机构便是为决策提供参谋服务的"思想库"。在我国开始掀起新型智库建设高潮之时,图情档便是智库研究的重要参与者。

❖❖ 科技与工程咨询

科技与工程咨询主要是指科研院所、科研机构、科技专家等运用科学技术与方法为政府、行业、企业等提供技术指导,开展咨询服务。例如,对新课题、新工艺、新材料等进行研究和开发;分析国内外科技发展现状、机遇;为制定科技政策提供参考;为工程项目的新建、扩建、改建等提供咨询。

❖❖ 经营与管理咨询

经营与管理咨询主要就是指以企业的经营管理为主要对象和内容的咨询业务活动。由于目前市场竞争日益激烈,企业的生存发展也面临着更大的挑战。企业如何准确把握时机,做出科学合理的决策至关重要。因此管理咨询业务随着全球经济一体化而发展,很多西方国家的企业都聘请了咨询顾问。

此外,还有商务咨询、法律咨询、保险咨询、教育咨询等其他专业性较强的咨询。虽然从以上介绍来看,信息

咨询覆盖面广、专业性高,需要多学科的知识背景,但是图情档学科作为信息资源管理领域的主要学科力量,在信息咨询方面仍有着独特的优势。

➡➡ 未来感十足的智慧服务

当读者走进南京大学图书馆时,会看到一个可爱的机器人"图宝",它可实时更新图书位置信息,告知读者所需图书在书架的哪一层以及在该层的第几本,图书漏读率控制在1%以内,定位精度高达97%,大大缩短了读者查找书籍的时间。此外,"图宝"还可以与用户进行简单的交流,可以根据指示做出调节音量、移动位置、唱歌等反应。"图宝"还可以逐渐掌握业务应对技巧和行业知识库,同时与图书馆系统形成无缝对接,为读者提供图书信息,成长为智慧化的资深机器人馆员。"图宝"其实就是南京大学智慧图书馆建设的成果之一。

近年来,"智慧"一词成为众多行业追求的服务口号和服务方式。2008年,IBM提出了"智慧地球"的概念,此后智慧城市、智慧社区、智慧校园、智慧政府、智慧企业等各行业的智慧化迅速发展。但在"智慧地球"出现之前,"智慧图书馆"早已出现在图情领域。在21世纪初,加拿大、澳大利亚、芬兰等国家的图书馆便推出了"Smart

Library"服务,部分图书馆确立了通过智慧图书馆建设智慧社区的发展政策。简而言之,智慧图书馆是通过物联网、云计算、智能化设备等为用户提供智慧化服务和管理的一种数字图书馆的高级发展形态。

在智慧图书馆的建设过程中,技术和服务是两个关键要素,技术是基础,服务是价值所在,贯穿智慧图书馆建设的始终。以"图宝"为例,"图宝"的发明融合了超高频RFID、互联网、物联网、人工智能、数据挖掘等技术。在实际应用过程中,智慧图书馆通过物联网中的手机、电脑、GPS等各类硬件设备,对图书馆内的各项资源进行捕捉感知和分析利用。例如,利用大数据分析、数据挖掘、云计算等技术,智慧图书馆可以根据用户的信息行为、信息需求、个性特征等提供全方位立体化的服务。从目前的建设情况来看,智慧图书馆与智慧服务仍有提升的空间。那么,与传统图书馆服务相比,智慧图书馆的服务究竟有什么特点呢?

从服务场景来看,智慧服务将呈现服务场所泛在化、服务空间虚拟化的特点。不仅可以让用户在任何场所、任何时间享受图书馆的各项服务,甚至可以通过VR技术构建一个3D图书馆,让用户足不出户就能感受图书馆的建筑、布局和环境。从服务手段和方式来看,以"图宝"

为代表的智能机器人应用到图书馆服务中就是图书馆服务智慧化的经典案例。从服务内容上来看,知识化是智慧化的基础和前提,智慧化是知识化的进阶。利用人工智能、数据挖掘等技术,深入分析数据、文献中的知识单元,智慧图书馆便可将散落的知识点转化为知识产品提供给用户。

▶▶ 品牌化的 iSchool 运动

如果追溯图情档学科发展历程中的重要里程碑,iSchool 运动一定是绕不开的话题。因为这场运动标志着一个学科的国际化品牌的正式成立。它不仅进一步淡化了图情档内部各专业之间的边界,而且也成为不同国家之间图情档学科沟通交流的重要桥梁。

➡➡ iSchool 运动的由来

iSchool 是英文 Information of School 的简称,直接翻译过来就是"信息学院",但我们目前所说的 iSchool 常常指的是信息学院的联盟体,最早是由欧美国家的 iSchool 运动发展而来的。随着 20 世纪信息和通信技术的发展,西方社会从 20 世纪后期开始最先进入泛载信息时代,信息无孔不入、无处不在,人们对信息的获取已经不再局限于某个特定的组织机构,而这种泛载信息环境正是孕育 iSchool 运动的温床,因为它迫使图情档院校不得不重新思考对于新时代信息领域人才培养的目标与方案。

20 世纪 80 年代末,美国雪城大学、匹兹堡大学和德雷塞尔大学三所高校的图情档学院院长齐聚一堂,共同商讨图情档学科研究生教育的方案和项目设置,这个三人小组某种意义上其实就是早期 iSchool 联盟董事会的前身。之后,又有来自其他院校的图情档学院院长加入其中,充实了这个队伍,形成了一个图情档院长交流社群,推动不同院校在图情档学科人才培养上的对话交流。2003 年,这个队伍已经从最初的三人小组发展为十人小组,其中七位来自美国不同高校图情档学院的院长齐聚在北卡罗来纳州立大学,围绕新世纪的图情档教育及事业发展问题展开了一场非正式的讨论,会上提出了开展"信息学院运动"(Information Schools Movement)的倡议,这就是 iSchool 运动的首次亮相。次年,这场运动演变为一个正式的项目,由 19 所北美的图情档学院共同建设,并在 2005 年通过了 iSchool 联盟的章程,旨在共同推进 21 世纪信息领域的研究与实践。

经过十几年的发展,已有来自世界各地的 123 所院

校加入 iSchool 联盟,其中,北美地区 54 家,亚太地区 35 家,欧洲地区 34 家,我国的中国人民大学、武汉大学、南京大学、吉林大学都是 iSchool 联盟的成员。iSchool 联盟成员中大多是依附于研究型大学的一流图情档院系,因为这些学校往往能够提供良好的科研平台,支持研究工作的持续性开展。而为了加强各成员之间的交流,iSchool 联盟每年都会举办 iConference 年度会议,汇聚世界各地的图情档学者和专家,聚焦信息研究领域当前的热点问题和前沿问题进行学术交流,使其成员能够紧跟社会发展的需求。所以在 iSchool 联盟推动提高其成员影响力和知名度的同时,这些成员其实也在不断巩固这个联盟。

➡➡ **iSchool 联盟究竟做什么?**

通过观察 iSchool 这一名称可以发现,首写字母"i"代表了与其他学科的区别所在,对"i"的解读是理解 iSchool 核心本质的密钥。简单地理解,我们可以将"i"视为信息,聚焦于信息研究领域是 iSchool 联盟成员院校的标配。但同时,它不仅专指信息(information),也包含了"interdisciplinary"的含义,也就是所谓的"跨学科",因此 iSchool 这一概念本身其实也强调了信息科学领域的跨学科研究的性质,与信息有关的一切跨学科内容都是iSchool联盟关注的问题范畴,iSchool联盟成员在从事信息研究的同时不能忽略跨学科这一基本特征。随着当今社会问题变得越来越复杂,iSchool联盟的宗旨其实也鼓励通过跨学科的方式解决信息管理领域出现的各种问题,造福人们的生活。

同时,正如前文所提到的,图情档学科是联结人、信息和技术的一个重要学科,这正是构成iSchool联盟跨学科研究的三要素,虽然不同院校在信息科学研究领域各有所长,研究焦点各不相同,但是它们存在共同关注的问题,即如何处理信息、技术和人之间的关系,通过结合这三个不同维度的研究解决现实问题。其中,信息维度主要关注的是各种信息资源问题,例如,对信息资源的分类和获取、信息计量、数字环境下信息资源的长期保存等。技术维度主要关注的就是各种信息技术的应用,例如,在信息传输和处理过程中利用的技术,包括云计算、大数据、机器翻译等都属于这类问题范畴。人的维度则关注在信息活动中一切与人的行为相关的内容,例如,浏览网页的规律、在线购买商品的喜好等,都包含不同的行为动机。由此可见,iSchool运动的核心不仅是发展技术,也不仅是提升管理的效率和艺术,而是发现信息领域的技术、

管理和人之间多样化的联系,推动建立三者之间的联动和协调发展。

　　然而,在这三个维度中,"人"是作为关键因素存在的,也是技术和管理之间的联结点,尊重和激活人在信息技术社会中的潜能是 iSchool 运动长期发展的重点,这决定了 iSchool 运动的本质就是"以人为本"。更进一步划分,这里的"人"主要可以分为两类群体:一类是 iSchool 联盟教育培养的对象;一类是信息服务的对象。对于第一类群体,所有接受过信息领域专业学习或正在 iSchool 联盟院校学习的人都属于这一群体,也就是我们常说的 iSchool 联盟要培养出什么样的人才,才能够满足他们未来在自己的职业岗位上的工作需求。这种需求一方面是由社会发展的现实需求决定的,另一方面则是由第二类对象的需求决定的。由此可见,第二类群体其实对于第一类群体而言至关重要,那第二类群体究竟是怎样的呢?实际上,这类群体无处不在,只要在社会中对信息有需求或消费信息的人都可以被划分在这一群体中,我们通常称之为"信息用户"。信息管理的最终目的就是提供服务,而服务的指向就是用户。当然,这两类群体之间并不是完全区分开来的,因为第一类群体作为信息服务的提供者和服务者的同时,可能也是接受信息服务的用户,因此，iSchoool 强调的人才培养不仅重视提升受教育者的专业技术能力，使其能服务他人和社会，也致力于提升受教育者自身的信息素养，实现受教育者自身全面的发展，其中就不免有种"渡人如渡己"的意味。

因此，"以用户为中心"越来越成为近年来 iSchool 运动研究发展的重要趋势。由于人是具有差异性的，不同用户的信息需求也各不相同，根据不同类型用户需求更准确地提供其所需的信息服务是各个信息研究领域无法绕开的问题。也正因为以这些研究为基础，今日我们所看到的那些个性化信息定制和推送服务才能如此便捷、如此及时地解决我们的信息需求。

➡➡ **iSchool 运动对图情档学科建设的影响**

iSchool 运动如此重视跨学科的研究，这在很大程度上推动了图情档学科在教育和科研资源上的配置，使信息领域相关的专业更紧密地融合在一起，但我们观察到，其中既存在一些积极的影响，同时也存在一些争议。在跨学科研究的发展上，最明显的趋势就是图情档学科与其他学科之间的交流与合作进一步加强了，团队合作趋势变得更加明显，尤其是与计算机学之间的交叉，以北美的 iSchool 联盟院校为典型，相当一部分图情档学院对计

算机学的相关专业进行兼并,形成规模更大的信息学院。其中,信息建构和信息交互专业领域的设置成为这些学院学科建设的新定位,许多图情档院校都开始注重这两个专业方向上的教育。信息建构(Information Architecture,简称 IA)这一概念早在 20 世纪七八十年代就出现了,主要围绕信息空间、环境及体系结构进行设计与组织,便于用户找到自己需要的信息,并对信息进行管理。这与计算机科学领域的知识密不可分,例如,对软件界面的设计、软件开发、人机交互等,都离不开计算机科学的支持。而信息交互则建立在信息建构的基础上,但仍是一个处于发展中的概念,它关注的是机器与人之间的互动关系,将人的感性因素融入技术的理性思考,更加重视提升系统的用户体验,满足用户利用机器进行信息沟通的需求。

这两个专业方向在当今社会发展中都扮演了重要的角色,许多行业对此类专业人才都有着迫切的需求,相比国际一流的 iSchool 联盟院校,即使国内图情档院校在这方面的课程设置上存在一定差距,还有待进一步普及,但这种趋势其实已经慢慢显现。同时,iSchool 运动在推动不同学科之间合作的同时,也加速了图情档领域在产学研方面的合作。一些院校专门与相关企业建立联系,企业在利用高效的教育和人才资源的同时，也为学生提供实践磨炼的机会，将学生的创意想法融入企业信息的开发。

但另一方面，iSchool运动的跨学科理念在整合信息领域学科集合、加强图情档一体化发展趋势的同时，也面临一些难题。由于重视与现代信息技术的接轨，图情档领域传统的课程内容被压缩，特别是在传统图书馆学和档案学的专业课程中加入了更多信息科学的教育。但既然"人"是iSchool运动强调的核心因素，图情档学科中传统的人文教育也不能忽视，对人文价值的重视离不开传统专业课程及相关人文通识教育的支持。而伴随着课程改革，图情档学科内的专业也在不断面临重组，可能导致不同专业之间的发展不够均衡，因此如何进行协调显得尤为重要。同时，在实际的跨学科协作过程中，来自不同专业背景的人对于"信息"的理解是存在差异的，各院校在发展方向上可谓"百家争鸣"，以文科见长的图情档院系更加关注信息的内容和价值，以理工科见长的院系则更多关注于信息的技术发展，如何加强其交流与融合以及建立不同专业学生的身份认同，这些也都是iSchool运动发展进程中需要解决的难题。

当然，身处一个技术发达的信息社会，我们面对的问

题只会更加复杂,iSchool 运动对教育带来的挑战并不是图情档学科独有的,其实每个学科在这样一个高速变化的时代都不免遇到类似的问题。加之信息本就是复杂的、难以捉摸的,图情档学科只有不断地调整、发展和变革,才能灵活地应对现实社会的各种问题,更好地服务于我们的生活。

修炼篇：图情档学子培养术

> 知识有两类：一类是我们知道的专业知识；另一类是我们知道在什么地方可以获取所需专业知识的知识。
>
> ——塞缪尔·约翰逊

▶▶ 图情档的培养目标

21世纪以来，信息科学不断发展，特别是近年来，大数据、云计算、人工智能等技术快速发展并广泛应用至各行各业。因此，掌握信息理论与信息技术的人才逐渐成为信息社会重要的人才资源。随着社会发展与人才需求的改变，每个学科的人才培养目标也会发生一定的变革。图情档是一门有关信息的学科，也是一门实践性、应用性很强的学科。因此，图情档的培养目标也需要与社会发

展相适应。图情档教育的培养目标十分明确,旨在培养具备坚实信息管理基础理论,熟练掌握信息技术与方法,能够适应不断发展的信息社会需求,在信息管理、图书情报、编辑出版、电子商务、数据管理分析等领域从事各类信息、数据、资料处理分析应用的研究型、复合型技术人才和管理人才。具体来看,图情档的培养目标主要有以下几个方面:

➡➡ **图情档的基本理论方法是核心**

图情档学科在发展过程中有了很大扩展,图情档研究也早已突破图书馆、档案馆机构的局限,但学科的基本理论与方法仍是其发展的基石。对于图情档教育而言,最基本的培养目标就是培养一批系统掌握图情档基本理论与方法的专门人才。具体来看,图情档是一个二级学科群,不同的二级学科有着不同的培养目标。

从二级学科来看,不同学科的培养目标带着各自学科的烙印。以本科教育为例,图书馆学旨在培养具备系统的图书馆学基础理论知识,掌握信息管理的基本理论方法,能在图书馆、信息服务机构和各类企事业单位的信息部门从事信息服务及管理工作,承担各级各类组织机构的资料收集、整理、组织、分析和服务工作的专门人才。

档案学旨在培养具备系统档案学、政府信息管理等知识，能够在国家机关、企事业单位和各类信息机构从事档案和行政管理、档案与信息服务的专门人才。信息管理与信息系统旨在培养具备计算机科学技术知识及应用能力，掌握系统思想和信息系统分析与设计方法以及信息管理等方面的知识与能力，并能在国家各级管理部门、工商企业、金融机构、科研单位等机构从事信息管理以及信息系统分析、设计、实施管理和评价等方面的专门人才。除以上三个学科之外，图情档的本科教育还会涉及编辑出版学、数字出版学、电子商务等专业，每个专业各自有侧重点。例如，编辑出版学侧重于编辑出版理论知识技能，培养能在书刊出版、新闻宣传和文化教育部门从事编辑、出版、发行的业务与管理工作以及教学与科研的编辑出版专门人才。数字出版学相较于编辑出版学，则侧重于培养从事数字内容的生产、发行与管理的人才。

➡➡ **大数据思维与数据素养是灵魂**

随着计算机技术的发展，信息的产生、传播、积累达到了前所未有的程度。信息爆炸让世界每个角落都充斥着比以往更多的信息，而随信息爆炸出现了巨量数据，并也因此产生了"大数据"的概念。社会环境的变化往往带

来思维模式的改变。在大数据时代,我们需要以数据的眼光来观察、理解、解释这个纷繁复杂的世界,即大数据思维。

当我们在购物网站上购买一件商品后,再次登录该网站,系统往往会给我们推荐相似的商品;当我们在手机上频繁浏览、观看某一主题的文章、视频等,App 也常常会为我们推荐与这一主题相关的信息内容……网站或者 App 的"猜你喜欢"往往来自计算机的"推荐算法",即利用用户的一些行为偏好,通过算法推测出用户可能喜欢的东西。目前,推荐算法已经应用至电子商务、图书、音乐、视频等各个领域,不仅为互联网企业带来了巨大利益,也提高了用户满意度和用户黏性。这个实际上就是利用大数据进行用户行为分析的经典案例。在大数据时代,数据科学慢慢进入图情档的视野,塑造大数据思维逐渐成为专业教育的重要目标。例如,如何运用整体的眼光看待世界,了解世界的多样性和差异性,了解各类数据的平等作用、数据的开放性、数据的关联性、数据的生长性,乃至了解如何利用数据巧妙地开发新产品或新服务……这些都是大数据思维带来的看待世界的新方式。

本书的开头就提到,在信息社会,最重要的生存法则就是培养我们自身的信息素养。图情档是一门信息科学,信息素养教育一直是图情档教育的重要内容。在大数据和人工智能大发展的背景下,图情档学科教育产生了一定变革,数据素养培养与教育成为学科培养目标的核心。数据素养是信息素养的延伸,与信息素养相比,更强调对数据的收集、组织、处理和共享能力。大数据时代对数据处理的颗粒度、专业化、个性化都有了更大提升,人工智能、数字人文、社会记忆、数据治理等成为大数据时代数据、技术、社会需求完美融合的产物。图情档培养目标从信息素养转向数据素养,便是对大数据时代更高要求的回应。具体来看,数据素养包括三个层面:其一为基础素养,即要有一定的数据意识,对数据资源及其价值、数据工具、数据相关法律等有基本了解;其二为核心素养,主要体现在对数据的利用上,比如,能够运用数据工具对数据进行全面收集、优化选择、科学管理、元数据创建、深度组织、关联分析、可视化呈现等;其三为拓展素养,即能够在特定场景之下,进行全生命周期的数据监控、数据共享与再利用等。

➡➡ **综合实践能力至关重要**

图情档之所以为图情档,从学科命名就可以直观地看出来。图情档学科源于对文献、档案的管理实践,图书

馆、档案馆则是图情档专业教育最基本、最对口的就业单位。从专业的缘起和就业单位都可以看出图情档是一门实践性很强的专业。一方面，由于我国十分重视公共文化服务体系建设，投入了较多的人、财、物资源，图书馆、档案馆、文化馆等单位迎来了发展的黄金时期。随着我国图书档案机构的繁荣发展，对图情档专业人才的需求也越来越旺盛。另一方面，由于信息资源在经济社会发展中的作用越来越大，政府部门、各类信息机构、企事业单位都逐渐意识到信息管理的重要意义，图情档专业人才迎来了更广阔的就业天地。从课堂到职场，如何才能如鱼得水？如何才能满足社会对信息人才的职业素质需求？这些都离不开图情档综合实践能力的培养。

图书馆、档案馆是图情档专业最重要的就业单位。因此，在图情档专业人才的培养过程中，重视实践能力的提升是重点。是否熟悉掌握图书馆、档案馆等机构的业务流程、操作规范，直接关系到能否尽快适应从学生到工作人员的转换过程。当然，图情档专业培养的实践创新能力，并不仅仅是掌握图书馆、档案馆的实物操作技能，了解传统业务工作流程，通晓分类方法、语义网等，更是在更广阔的信息领域和信息行业，拥有对信息、数据资源的组织、分析、利用等能力。

为了更好地适应经济和社会发展的需求,除了对实践能力的培养,图情档同样重视对学生一般品质与技能的培养。例如,培养学生有效的交流技能、项目管理能力、决断能力、反应能力、创新能力、商业敏锐能力、组建合作联盟能力、团队合作能力、自我管理能力、终身学习能力、相关信息通信技术及其应用能力等。

▶▶ 图情档学子修炼法则

人生充满各种选择,选择专业则是其中浓墨重彩的一笔。面对种类繁多的学科门类,选择也变得越来越多样化,有时还会挑花了眼。但实际上,不论专业门类如何发展变化,从人才培养的根本目的来看,基本可以分为基础型学科和应用型学科两类。前者更加重视对知识本身的研究,后者则偏向对知识应用的研究。如果把基础型学科比作一把斧头,那应用型学科注重的就是如何利用这把斧头。从这一角度看,图情档学科教育的最终目的是培养适应信息社会发展的应用型复合人才,是典型的应用型学科。若要成为一名合格的图情档人,就要进行多维度修炼,不仅要学习专业的知识和技能,还要积极投身实践,与同行多多交流,紧跟时代发展趋势。

➡➡ 基础不牢，地动山摇

我们通常会将图情档学子称为"信息人"。"信息人"的使命在于能够保障人们对信息的查询、获取和利用，而这正是图情档学科教育的核心价值。现有的图情档院校专业课程基本都包含三种不同性质的课程，分别是专业基础课程、工具类课程及专攻方向课程。

第一，在专业基础课程领域，与信息管理、知识管理相关的课程长期作为图情档各个专业共同的基础课程。因为图情档本身就是众多学科中与数据、信息和知识联系最为紧密的学科之一，信息社会的每一个变化都会影响到这一学科的发展。图情档教育需要随时随地关注其中最前沿、最新颖的技术，其知识更新频率与速度比许多其他学科更快，只有这样才能培养出真正有能力应对当下社会信息需求的"信息人"。尤其是"云大物移智"（云计算、大数据、物联网、移动互联及人工智能）这些新兴信息技术的逐渐普及，更是对图情档学子的竞争力提出了新的要求。如今，越来越多的图情档院校在传统信息管理课程的基础上，也开始引入数据科学的相关课程。例如，对数据的获取、数据存储与管理、数据分析、数据可视化等，对学生素养提升的重视从信息素养延伸至数据素养。

第二,在工具类课程的安排上,对研究工具和方法的教学同样是图情档专业课程的一部分。英国作家塞缪尔·约翰逊关于知识分类的著名言论将人类的知识分为两类:一类是某一领域的专业知识;另一类则是获取专业知识的知识。相比前者,后者更有"授人以鱼,不如授人以渔"的意味。图情档作为一个专业的学科,不仅和其他学科一样,拥有属于自己专业领域的知识,而且更重要的是,它重视培养拥有各种信息技能的"信息人",这些技能包括对各种类型信息的收集、处理、保存及管理。这些技能既能应用在日常生活中,又是学科服务的重要工具,实际上也是打开其他学科或专业知识大门的钥匙。例如,独具特色的信息检索课程和文献管理课程等,这些专业知识能够应用在任何一个学科的学习和研究上,堪称科研利器。

第三,在专攻方向课程方面,依据图情档下设的不同专业及研究方向的分支,高校一般都会开设多样化的、面向具体领域的方向性课程,满足学生不同的学习和研究兴趣。试想一下,信息本身就是一种非常多面的事物,而信息社会存在的问题也是包含不同维度和面向的,图情档学科课程的多元化正是在这种信息社会的现实下形成的,在重视人才培养的专业化的同时也保留各自的特色。

例如，如果你对用户研究感兴趣，就可学习专门的与信息用户相关的课程，包括人机交互、信息组织、信息行为、数据库设计等课程。此外，一些院校现在也在尝试开设"微专业"课程，主要聚焦在一些新兴的、具有较强学科性质的主题研究领域，围绕这个领域开设相关专业课程，帮助学生实现多元化发展的需求，例如，图情档院系和计算机院系合作开设的人工智能方向的课程，就深受学子青睐。

➡➡ **多样化实操训练悟真知**

作为应用型学科，实践教学是图情档人才培养的重要组成部分，院校大多为学生提供了丰富的社会实践机会和平台，并且实现"走出去"和"引进来"的双向结合。首先，说到实践，大家通常会想到走出学校，与社会建立连接。同其他大多数专业一样，图情档专业也会组织许多校外实践项目。更重要的是，许多高校的图情档院系与各种类型的图书馆、档案馆、博物馆、信息咨询机构、科研单位等组织建立了不同程度的合作关系，为学生提供对口的实习单位。尤其是像图书馆、档案馆、博物馆、出版社这类公共文化服务机构，很多还设有专门的实践基地，供图情档学生进行定点定期的培训与交流，在实际工作中检验课堂知识的应用。此外，近年来也有越来越多的智库机构、科研机构及国际组织向图情档学生开放,学生可以通过学校提供的实习项目,到这些机构去体验和学习,施展自己在信息分析与管理方面的能力。

在鼓励学生"走出去"的同时,图情档院校也注重将实践"引进来",让学生在校也能提升自己的实践技能。一方面,主要邀请校外企业或行业内专家作为学生的第二导师,与校内的教师共同为学生提供指导和教学服务。与高校教师不同的是,这些专家具有更加丰富的社会工作经验,通常结合实际的案例为学生授课,指导学生开展研究项目。通过这样的方式,学生在校期间就能够锻炼积累社会资源的能力。另一方面,除了引进专家,由于图情档具有的跨学科思维基因,在校内建立不同领域的实验室和创新创业平台也是当下非常普遍的方式,可通过跨界平台发起更多有意义、有价值的项目。例如,同计算机学科联合建立人工智能实验室,同历史学、语言学、文学等人文学科合作建立数字人文实验室,同社会学、公共管理学等社会科学专业建立信息研究与评价实验室等,为学生提供多样化的实践平台选择,使学生在自己感兴趣的领域继续深耕。

➡➡ 闭门造车要不得

学科交流是学科发展的重要动力,知识需要在交流

中流动与更新，而不能一味地闭门造车。为了保持学科发展的活力，图情档学科内部已经形成了不同类型、不同层次的专业交流平台，主要体现为协会、学会、会议等形式。其中，协会或学会作为专业的学术团体，联结了来自不同地域、不同领域的图情档专业人士，实际上发挥了桥梁的功能，对推进学科交流与发展具有重要意义。在国际上，有像信息科学与技术协会、信息系统协会、国际图书馆协会联合会、国际档案理事会等学科内著名的专业组织，可加强不同国家和地区的图情档专业人士之间的学术及行业交流，促进国际范围内图情档学术研究的共同发展。而同时，不同国家的图情档领域也建有协会或学会组织。比如，美国图书馆协会、英国专门图书馆和情报机构协会、中国图书馆学会、中国科学技术情报学会等，这些组织都是根据国家图情档领域实践情况成立并开展交流的，在打破学界和业界之间交流壁垒方面发挥了重要作用。

在上述学会或协会组织形成的交流机制中，非正式交流占据了更多比例。非正式交流是指信息用户之间直接面对面进行的信息交换行为，这种方式的实现往往借助各种形式的会议。除了综合性学术会议，还有许多各专业领域、各行业领域的会议。例如，数字图书馆会议、国际图联世界图书馆与信息大会、国际档案大会等，这些会议不仅对教师、专业人士开放，也对图情档学子开放，甚至会提供与参会相关的奖金和差旅费用资助。同时，我国图情档学界也会定期组织不同规模和专题的学术会议，如"图书情报与档案管理青年学者论坛"，主要向图情档领域青年教师、科研人员及研究生提供交流学习的平台，此外还有一些好口碑的年会，如情报学年会、图书馆学年会、档案学年会、知识服务学术年会等，都是本学科领域不容错过的学术盛宴。

▶▶ 图林大观——知名图情档院校概览

中华武功可谓派系云集、各有所长，图情档这门学科亦是如此。经过历史车辙的辗转，当今的图情档"文坛武林"已是群星荟萃。

在教育部发布的普通高等学校本科专业目录中，在一级学科层次，图书情报与档案管理类属于管理学大类，下设三个二级学科：图书馆学、档案学和信息资源管理。研究生学位专业则是由各学位授予单位依据国务院学位委员会、教育部发布的授予博士、硕士学位和培养研究生的学科、专业目录，在一级学科学位授权权限内自主设置

二级学科。目前,全国具有图情档一级学科博士学位授权的高校共有11所,参与第四轮学科评估的共有10所,获得硕士学位授权的参评高校共计39所。学科评估按学科整体水平得分的位次百分位,将前70%的学科分为9档公布:前2%(或前2名)为A+,2%～5%为A(不含2%,下同),5%～10%为A-,10%～20%为B+,20%～30%为B,30%～40%为B-,40%～50%为C+,50%～60%为C,60%～70%为C-①。取得A+排名的高校共两所,分别是南京大学和武汉大学。中国人民大学获得了A-,北京大学、南开大学、华中师范大学、中山大学获得了B+。

从第四轮学科评估中,我们基本可以确定我国图情档学科领域的几所龙头院校,同时还有许多拥有特色专业和培养模式的院校也在不断进步,它们横跨东西南北,各有绝学秘籍、大师云集、桃李万千,为中国图情档事业的发展发挥着开路、传承、发扬、创新的重要作用。以下主要选取16所重点院校的图情档专业信息进行介绍(排名不分先后)。

---

① 在本书成稿前,第五轮学科评估已经启动,但结果并未发布,因此参照第四轮学科评估结果进行分析。

➡➡ **武汉大学**

武汉大学信息管理学院(以下简称"武大信管")的前身是成立于1920年的武昌文华大学图书科,后独立为武昌文华图书馆专科学校(以下简称"文华图专")。自文华图专始,一代代武大信管人坚守着"智慧与服务"的优良传统,在创建国际一流综合性研究型信息管理学院的道路上踔厉奋发,屡创辉煌。

1953年文华图专并入武汉大学,成立图书馆学系,1984年经原国家教委批准成立图书情报学院,在2000年更名为信息管理学院。目前,武大信管无论是在师资规模、招生数量上,还是在开设课程数量上,在同行中都是首屈一指。本科阶段开设了六个专业:图书馆学、信息管理与信息系统、档案学、编辑出版学、电子商务、数字出版;硕士学位点有九个:图书馆学、情报学、档案学、信息资源管理、出版发行学、管理科学与工程、电子商务、保密管理、数据科学;专业硕士学位点有四个:图书情报、出版、工程、工程管理;一级学科博士学位授权点有两个:图书情报与档案管理、管理科学与工程。专家、学者在课堂外也积极为国家社会建言献策。在人才培养方面,武汉大学强调扎实的理论基础与宽广的知识面、创新精神与

实践能力并重，紧抓时代发展方向和社会现实需求，在学术成果方面，各级各类重点科研项目、学术专著、优秀论文在国内学界影响颇广，而与国际图情档、信息领域协会开展的广泛而深入的合作又提升了武大信管在国际学界的知名度和影响力。

➡➡ **南京大学**

南京大学信息管理学院（以下简称"南大信管"）历史悠久，早在 1913 年，美国图书馆学家克乃文就在金陵大学开设了图书馆学课程，这便是南京大学甚至中国的图书馆学教育的起点。1927 年金陵大学设立图书馆学系，著名图书馆大师钱存训就曾求学于该系。之后于 1985 年重建的南京大学图书馆学系便是依托了当年金陵大学图书馆学专修科打下的良好基础，在此之后，先后经历了南京大学文献情报学系、信息管理系、信息管理学院等一系列改名更迭，发展极为迅速。南大信管不仅在学科评估中与武汉大学同获 A+ 等级，在国外的 QS 学科排名中同样表现不俗，2019 年位列第二十六位。南大信管拥有一批学术造诣深厚的学科带头人及骨干专家，他们深耕课堂教学的小天地，探索出科学合理的教学模式及课程设置体系：本科设立了信息管理与信息系统、图书馆学、编辑出版学和档案学四个专业；学术型硕士点则有图书馆学、情报学、档案学、出版学、信息资源管理、国家安全数据管理六个专业和图书情报、出版两个专业硕士学位点；具有图书情报与档案管理一级学科博士学位授权及博士后流动站设立资格，培养出大量的图情档专业优秀学子。除此之外，南大信管还通过建设各类智库、教学研究基地、国际合作研究平台、产学研机构等将学术成果与实践相结合，始终脚踏实地，埋头苦干，践行"嚼得菜根、做得大事"的南大风骨。

➡➡ 北京大学

《大学图书馆学报》的编辑王波先生曾在他的著作《快乐的软图书馆学》中提到"图林的少林、武当"这一巧思，他认为武汉大学是"图林的少林"，而北京大学则是"图林的武当"。可见，北京大学在图情档界也有着不可撼动的特殊地位。始建于 1947 年的北京大学信息管理系（以下简称"北大信管"）在 20 世纪五六十年代的特殊时期仍坚持办学，一大批知名图书馆界大师任教授课，为中国图书馆事业及后续的传承、改革和发展培养了一批精英学者。20 世纪 80 年代从来，学科专业逐步扩大，教学手段日益现代化，教学内容不断更新充实。北大信管

有图书馆学(本、硕、博)、情报学(硕、博)、信息管理与信息系统(本)、编辑出版学(硕、博点为自设)两个本科专业与三个硕、博士点,另图书馆学是国家重点学科,有"图书馆、情报与档案管理"一级学科授予权及博士后流动站。北大信管还有一个特立独行的亮点便是其深厚的国学根基。王重民教授在与胡适商议开办图书馆学专修科时已是国学名家,他将国学的基因融进了彼时刚萌芽的北大图书馆学,也成就了北大信管的独特气质。

➡➡ **中国人民大学**

　　中国人民大学的信息资源管理学院(以下简称"人大信管")创建早、规模大,创新与突破是其不断进取的根本动力。在激荡变幻的发展浪潮中,人大信管始终坚持走特色化的发展道路,形成了完备的信息资源管理学科教育人大信管体系。人大信管本科教育设置了档案学、信息管理与信息系统(政务信息管理)、信息资源管理三个专业;研究生教育开设了档案学、情报学、图书馆学、信息资源管理、中外政治制度、档案保护、图书情报、信息分析八个专业;博士层次则有档案学、情报学、图书馆学、信息资源管理、信息分析五个专业。人大信管专业数量多,覆盖面广,紧贴国家社会需求,充分利用本校人文社科专业优势，通过打造多学科互动平台，助力档案学及信息资源管理专业进一步深挖优势，在全国保持其领先地位。"进德修业、唯实唯新"，这是人大信管一直秉持的理念，也是所有图情档人要牢牢铭记、代代相传的箴言。

➡➡ 南开大学

南开大学图书情报教育始于1983年，南开大学是最早拥有图书情报学硕士学位授权点的高校之一。目前，南开大学信息资源管理系拥有图书情报与档案管理一级学科硕士学位授权点、图书馆学博士学位授权点、情报学博士学位授权点以及图情档一级学科博士后流动站。在培养模式方面，其提供的图书情报学专业硕士项目可以让学生根据自己的兴趣和目标选择不同模块的课程，如图书管理、竞争情报、知识管理、电子政务与文档管理等。另外，该项目采取"双导师制"，除了可以选择该研究中心的博导及硕士生导师作为专业导师之外，还可以选择其他作为兼职教授的图情档领域资深学者为专业导师，从而实现资源的深度整合和人才理论实践一体化发展的培养目标。

➡➡ 华中师范大学

华中师范大学于 1983 年开设了第一个非师范专业——图书情报学专业，次年开始招收专科学生，1986 年开始招收本科生，1993 年更名为信息管理系，2012 年更名为信息管理学院。目前，信息管理学院下设信息管理与信息系统、电子商务、信息资源管理、大数据管理与应用系四个系，均开设了相应的本科专业。研究生教育方面，学院拥有图书情报与档案管理、管理科学与工程两个一级学科硕士学位及博士学位授权点。其中，学术型硕士专业方向有情报学、图书馆学、档案学、管理科学与工程可选择，专业型硕士则开设了图书情报和农业信息化两个方向。其中，电子商务专业已经形成特色品牌，建设的电子商务实验中心荣获"中国电子商务优秀实验室"称号，国家级教学团队和强大的师资队伍将其打造成湖北省品牌专业，学院被誉为"中国电子商务名校"。同时学院注重培养学生的实操实训、实践创新能力，通过开放性实验课堂、创新创业项目、建立面向企业的实习基地等方式，不断强化和提升学生的综合能力与核心竞争力，其特色培养模式在该领域亦颇具影响力，为顺应国家及社会发展趋势培养了大量实用型复合人才。

➡➡ **中山大学**

作为华南地区图情专业的中流砥柱,中山大学早在1980年就创立了图书馆学大专班。同年,中国近现代档案学奠基人之一、著名图书馆学家、目录学家、历史地理学家周连宽教授开始招收图书馆学专业目录学研究方向的硕士研究生,也使得中山大学成为我国四个最早开展图书馆学专业硕士研究生教育的高校之一。几十年来,随着学科大环境的影响,历经图书馆学专修科、图书馆学系、图书情报学系、信息管理系、资讯管理系、资讯管理学院等时期的发展,如今的中山大学信息管理学院已经颇具规模,开设了三个本科专业和三个硕士专业。本科教育目前以信息管理大类培养为主,同时根据学生的优势专长、学术兴趣和发展规划将学生分流到图书馆学、档案学、信息管理与信息系统三个专业进行针对性的培养。其中,图书馆学专业入选国家级一流本科专业建设点,成为全国首批入选的两个建设点之一。同时,中山大学也是粤港澳大湾区唯一拥有完整的图书情报与档案管理一级学科体系、具有博士学位授权、设立博士后流动工作站的教学单位。中山大学信息管理学院教学条件完备,除了自建的各种教学实验室,还有多个实习基地进行专业对口的实践教学。以本科专业图书馆学为例,目前已拥

有中山大学国家级古籍修复中心、国家级古籍修复技艺传习中心中山大学传习所、文化部古籍保护人才培训基地等三个国家级与部级实践教学平台,以及广东省立中山图书馆、广州图书馆等十余个实习教学基地,其中广州图书馆为国家级本科实习教学基地建设单位。

➡➡ **中国科学院大学**

中国科学院大学(以下简称"国科大")的图书情报与档案管理系在 2017 年第一次参加学科评估便斩获了 B+ 的佳绩,可见其实力非凡。而这背后,不得不提到大名鼎鼎的中国科学院文献情报中心。作为国家级科技文献情报机构,中国科学院文献情报中心是支撑科技自主创新、服务国家创新体系、促进科学文化传播的重要抓手。而国科大图书情报与档案管理系便是由该中心与国科大经济与管理学院共建的,依托双剑合璧的强大力量,图情系发展迅猛,迅速在学界占据了一席之地。目前,该系拥有图书情报与档案管理一级学科授予权,以及图书馆学和情报学两个专业的博士、硕士学位授予权及博士后流动站。针对研究生教育,图情系采取了科教融合、院所协同、理论与实践紧密结合的特色培养模式,图书馆学、情报学专业馆藏资料丰富,订购的外文印本和网络版专业文献居国内之首。

➡➡ **国防大学**

国防大学作为中国人民解放军唯一的综合性联合指挥大学,是中共中央军事委员会直属的中国最高军事学府。该校于 2017 年成立政治学院,并由国内著名的三所军校——南京政治学院、西安政治学院和武警政治学院合并而成。其中,南京政治学院曾是军队"211 工程"重点建设院校,其王牌专业之一就是图书情报与档案管理,在并入国防大学政治学院后继续发挥这一学科优势。国防大学政治学院在吸收原南京政治学院图情档优质教学资源的基础上,拥有一批具有影响力和知名度的教师,以硕士和博士阶段的学科建设为重点,强调军事院校的图情档专业特色。此外,其图情档学科也被列入"江苏省重点(培育)学科",实施"理论奠基－价值培塑－实践锻炼"全链条式的人才培养模式。

➡➡ **华东师范大学**

华东师范大学信息管理系成立于 1979 年,初建时以图书馆专业为基础,主要为文献信息部门培养人才。随后,该系于 1993 年归入华东师范大学商学院,依托商学院的经济管理类学科背景,拓宽专业口径,不断进行教学改革,如今已经发展成国内图情档领域最具影响力的院

系之一。在专业教育上分别拥有本科、硕士、博士及专科与函授等不同层次的人才培养方案，重点培养通用型信息管理专门人才。其中，本科的图情档专业名称为"信息管理与信息系统"，自建系以来已培养全日制本科生近千名，学生毕业后分别就职于国内外教学、科研和信息管理部门，成为各个行业中的信息管理骨干。为响应国家"新文科"建设战略，"信息管理与信息系统"作为与信息技术联系紧密的专业，被学院作为试点率先开展新文科建设的探索，并于2021年10月成为全国首批通过"长三角新文科教育专业认证联盟"（"新文科"目前唯一的第三方认证机构）认证的本科专业。该系专业领域主要集中于经济信息、文献信息管理、信息系统等领域。同时拥有以情报学为主的硕博学位点，下设经济信息、计算机信息系统、图书馆学三个研究方向，研究生和教师都配备专门的机房及现代化技术室。

➡➡ **南京农业大学**

南京农业大学图情档学科设立在信息管理学院。该院成立于2020年，由信息管理系和管理工程系合并而来，肇始于1985年筹建的农业图书情报专业和1987年创建的乡镇企业管理系。1987年在农业图书情报专业基础上设立了农业图书情报系,1993年农业图书情报系更名为信息管理系,1999年更名为信息管理与信息系统专业。1987年创建的乡镇企业管理系,在2000年转隶南京农业大学工学院后被调整为管理工程系。学院目前包含三个系,分别是信息管理科学系、工程与管理系及物流工程系,共设有信息管理与信息系统、工业工程、工程管理和物流工程四个本科专业。其中,信息管理与信息系统专业为省级特色专业,并于2018年通过英国图书情报协会CILIP认证;设有管理科学与工程综合训练中心,同时设有图情档一级学科博士学位授权点,图情档学科和管理科学与工程一级学科硕士学位授权点以及图书情报、工程管理硕士两个专业学位类别。

➡➡ **郑州大学**

郑州大学信息管理学院始建于1985年,是河南省图情档与信息管理专业人才的培养基地。其本科教育设有图书馆学、信息管理与信息系统、档案学三个专业;研究生教育设有一个一级博士学位点(图书情报与档案管理)、三个硕士学位点(图书馆学、情报学、档案学)和一个专业硕士学位点(图书情报硕士)。学院除了配备专业的实验室、多媒体教室、微机室等,其设立的文献信息资源

研究中心也成为郑州大学人文社会科学重点研究基地。经过三十多年的发展,学院为河南省乃至全国培养了大量信息管理领域的专业人才,毕业生遍布全国各级各类图情档专业机构、党政机关、社会团体及企事业单位。

➡➡ **吉林大学**

吉林大学管理学院成立于 1985 年,设有管理科学与工程、工商管理、图书情报与档案管理三个一级学科博士学位授权点和博士后科研流动站,管理科学与工程、工程项目管理、物流管理、技术经济及管理、企业管理、会计学、图书馆学、情报学、档案学九个硕士学位授权点,工商管理硕士、图书情报硕士、工程管理硕士三个专业学位硕士授权点,管理科学与工程类(信息管理与信息系统、工程管理、物流管理、大数据管理与应用)、工商管理类(会计学、工商管理、市场营销、人力资源管理)、档案学等三个大类本科专业。其中,图书情报与档案管理一级学科为吉林省优势特色学科 A 类。学院十分重视与国内外高水平大学开展学术交流活动,先后与西安交通大学管理学院、天津大学管理学院、哈尔滨工业大学管理学院、大连理工大学管理学院、"台湾中央大学"管理学院等建立了学术交流和合作关系,与美国百森商学院创业研究中心、美国南加州大学管理学院、加拿大蒙特利尔大学管理学院、英国曼彻斯特大学管理学院、韩国启明大学管理学院、奥地利维也纳经济大学、英国华威大学等国外院校建立了学术交流关系。

➡➡ **黑龙江大学**

黑龙江大学信息管理学院成立于2001年,其前身是始建于1984年的图书情报学系,致力于培养从事图书档案管理与服务、编辑出版、电子商务活动以及信息系统分析、设计、实施管理和评价等方面的高级专门人才。经过三十多年的发展建设,学院在教学、科研和学科建设上取得了丰富的成果。在本科教学方面,学院现有图书馆学、档案学、编辑出版学、信息管理与信息系统、电子商务五个本科专业。在学科建设方面,学院拥有文献信息学二级学科博士学位授予权,图书情报与档案管理一级学科硕士学位授予权,图书馆学、情报学、档案学三个二级学科硕士学位授予权,管理科学与工程一级学科硕士学位授予权,以及图书情报硕士专业学位授予权。此外,学院建立了完善的实践教学平台,建有跨图书情报与档案管理一级学科的黑龙江省高校人文社会科学重点研究基地——信息资源管理研究中心和校级创业教育试点单

位——信息管理学院创业教育基地;拥有信息处理、物流模拟、文献信息管理、档案整理、档案保护技术、档案复制技术、编辑出版等实验室;在黑龙江省图书馆、黑龙江省档案馆、黑龙江省科技情报所等二十多家单位建立了长期的实习实训基地。

➡➡ **上海大学**

上海大学图书情报档案系创建于1978年,前身为复旦大学分校图书馆学系,其中图书馆学专业、情报学专业开办于1978年,档案学专业开办于1981年。1994年,新上海大学组建后,设置上海大学文学院档案学系。2008年,整合档案学专业、情报学专业、图书馆学专业资源,成立图书情报档案系。现设有信息资源管理博士点,图书情报与档案管理一级学科硕士点,档案学、情报学、图书馆学三个二级学科硕士点,图书情报专业硕士点,档案学、信息资源管理本科专业。信息资源管理为上海大学重点学科,档案学为上海市本科教育高地。与社会联合办学是图书情报档案系办学的突出特色,图书情报档案系与上海市档案局在业务活动中建立了密切的联系,双方签署共建协议,上海市档案局在校设立本科和研究生奖学金,设立学科发展基金,联合培养研究生。2022年

1月,上海大学图书情报档案系、上海大学文学院考古与文博学科、上海大学文化遗产保护基础科学研究院等院系和平台合并成立上海大学文化遗产与信息管理学院。学院将重点发展数字档案馆、档案数据治理、城乡记忆、竞争情报、科学数据开放、智慧图书馆、海洋考古、硅酸盐质文物保护、智慧博物馆等方向,培养高层次复合型跨学科人才,推进"新文科"与其他学科协同发展。

➡➡ **云南大学**

云南大学历史与档案学院档案与信息管理系的前身,系1984年创办的云南大学历史系档案学本科专业。在此基础上,云南大学历史系于1987年增设了图书馆学本科专业。1988年,云南大学将档案学和图书馆学两个本科专业单独建成云南大学档案学系。1993年,云南大学档案学系又增设了情报学本科专业。1998年,根据国家教育部发布的《普通高等学校本科专业目录和专业介绍》的规定,将情报学专业名称改为信息管理与信息系统专业。2019年,信息管理与信息系统专业正式更名为信息资源管理专业。2006年,经国务院学位委员会批准,云南大学档案与信息管理系获得图书馆、情报与档案管理一级学科硕士学位授予权和档案学二级学科博士学位授

予权。2010年,云南大学情报与档案学系首批获得图书情报硕士专业学位(简称 MLIS)授予权。2016年,基于"双一流"建设所需,云南大学档案与信息管理系撤销档案学二级博士学位点,改设历史文献学二级博士学位点。2019年,档案学专业首批入围教育部"双万计划"国家级一流本科专业建设队列。

经过三十多年的建设,依托学科建设,云南大学档案与信息管理系已成为我国西部唯一能够培养档案学、信息资源管理专业本科生,拥有图书情报与档案管理一级学科科学、专业硕士授权点,历史文献学二级学科博士授权点以及国家级一流本科档案学专业的具有学科特色和良好学术传统省级重点学科的教学单位,形成了本科、硕士、博士相衔接,学术硕士与专业硕士相配合的完整的专业人才培养体系。

下山篇：图情档职业面面观

> 所有知识都应该为他人服务。
> ——凯萨尔·查韦斯

▶▶ 敢问路在何方

长路漫漫，崎岖险峻，你一路攀登，不断修炼，技艺日益精进，也收集了不少锦囊秘籍。此刻，终于站在山巅，师父给你一封信，上面写着，功法已成，即日起可下山游历。本是畅快欢欣之时，你却高兴不起来。上山的路虽然荆棘遍布，但一直有人指引。如今引路人离开，浮云蔽日，竟不知路在何方。只得随意择了一道，行至半途，见行人，他看着你手中的"图情档学子修炼完成证书"也疑惑不解，问你："情报？你是间谍吗？"你涨红了脸，想要分辩几句，却如鲠在喉，只得再次慨叹："敢问路在何方？"

相信对很多图情档学子来说，对于上述故事中描述的心境非常熟悉。面对社会认知不足、了解不深的现状，图情档学子的就业方向急需拨云见日。当那些误解、偏见、迷茫的暗霾被扫除后，便可柳暗花明，见到桃园胜景。

在讨论图情档职业发展之前，我们要明确，一个学科对应的一项或多项职业之所以能够得到专业领域及社会大众的认可，成为专业化职业，往往是因为它具有以下特征：(1)有系统的专业知识体系；(2)有正规的专业教育系统；(3)有正规的行业协会；(4)有明确的职业道德规范。按照这个标准，无论是图情档学科对应的传统职业，如图书馆员、档案管理员、情报所研究员，还是新兴的一些信息资源管理类职业，都是专业化强的职业类型。虽然不是像律师、医生那样大众熟悉度极高的专业化职业，但同样具有较高的社会地位和清晰的职业发展前景。

➡➡ **职业总体发展前景**

大数据时代背景下，图情档不断调整教育体系，以适应信息化产业发展和国家"互联网＋"战略的需要，人才培养目标与路径也随之发生转变。因此，当前图情档学科毕业生在就业时可选择的行业多、就业面大，基础性较强、学科交叉融合性质的工作机会也较多，职业壁垒相对较低。诸多学者也对此进行了调查、研究和分析,我们不难从毕业去向、各地区人才需求、招聘单位性质、招聘要求等方面总结出当下图情档学生的实际就业情况,给对图情档就业前景感到迷茫的学生提供参考,以便他们及早对职业生涯进行规划,在学习过程中有针对性地根据就业市场的需求培养相关技能。

一般来说,毕业去向分为就业、升学(国内升学及国外升学)、创业、待业等。从我国图情档硕士研究生 2020 年毕业数据来看,超过 47% 的毕业生就职于企业,约 36% 的毕业生选择了国家机关和事业单位,其中超过半数的毕业生就业方向是从事和信息管理相关的工作。而从 56 所高校及机构的图情档专业学生进行的毕业去向调研数据来看,我国图情档专业毕业生选择就业的比例从博士到本科生依次递减,选择升学的本科生比例是最高的。博士毕业生自主创业的比例高于本科毕业生,本科毕业生又高于硕士毕业生。总体来说,图情档专业学生创业率并不高,这可能和本专业的资本市场化需求以及学科整体性质有关。

➡➡ 二级学科就业形势

图情档大类下的学科虽然整体就业形势相近,但不同专业也存在差别。

什么是图书情报与档案管理？

　　档案学专业毕业生从事的职业主要有五大类：档案类（档案行政管理机关、档案馆、基层档案机构）、图书情报类、文秘行政管理类、教学科研类及其他。从事档案类和文秘行政管理类工作占比较大，但其他职业的占比也在提高。近年来，由于大型互联网企业发展迅速以及相当数量的外企进入中国市场，它们对于档案资料管理的意识普遍较强，丰厚的报酬和良好的职业发展平台也使得企业逐渐成为档案学本科生就业的主要去向。但由于企业档案管理工作仍属于整个体系下的服务性岗位，同时企业发展也存在不稳定性，事业单位则成为档案学硕士和博士的主要去向。这也从侧面反映出，档案学专业对口率随着学历提升越来越高。另外，多份调查显示，档案学专业的就业率和签约率都较高，说明本专业就业相对容易。

　　而从就业市场调查数据来看，图书馆学毕业生最常选择的三个就业方向是图书馆、政府机关和企业，其中多数图书馆学专业毕业生会优先选择各级各类图书馆工作。毕竟"图书管理员"曾是许多人的"理想职业"，在大家的印象中，图书管理员好像整日与书为伴，人际关系简单，工作内容简单。但正因为如此"抢手"，目前进入图书馆就业也面临一些困难，主要是随着图书馆编制的逐渐饱和，能够提供的编制岗位渐渐收紧，竞争更加激烈。因此，越来越多的图书馆学毕业生开始转向公务员大军，报考公务员岗位的图书馆学专业学生也越来越多；而相对于其他专业来说，进入企业工作的图书馆学毕业生较少，他们总体更倾向于稳定性较强的工作。

由于大众对"情报"二字的理解比较片面，本文开头那样的笑话时常上演。然而，现实中情报学专业毕业生的就业方向非常多且工作类型比较分散。银行金融类、行政事业类、图书馆类、信息咨询类、市场调研类、计算机类、教学科研等都有涉及，其中占比较高的是行政事业类、计算机类和图书馆类。说明情报学就业的专业匹配程度并不高。毕业生优先考虑的因素主要是个人意愿、薪资和地理位置、工作稳定性等。

➡➡ **传统就业方向外的新探索**

无论是上述哪个专业，我们都能发现一个共性趋势：毕业生流向企业的比例越来越高。在这之中，又以知识服务产业为重点领域。

知识服务产业主要是指依托已有文献资源，通过开发知识服务产品为用户提供知识内容的产业，既包括传统的图书馆、出版社、情报中心等机构，也包括新兴的互联网知识服务产业。像大家非常熟悉的互联网知识服

平台，如知乎、得到、喜马拉雅、网易云课堂等的蓬勃发展，标志着互联网知识服务新业态的强势扩张，此类产业结构的新变化必然会引起就业结构和对应学科人才培养目标和模式的嬗变。在图情档学科具备的传统学科优势和新的培养体系的共同作用下，新时期图情档毕业生的核心竞争力与知识服务产业的需求非常匹配。图情档学生具备的传统核心能力"信息检索及获取"仍是互联网知识服务机构在进行用户/市场需求调研、知识内容调研等工作时必需的。另外，互联网知识服务提供商也需要对海量资源进行分类/主题标引以及运用数据库、信息检索、软件开发等技术搭建和开发资源检索及获取的平台。而这些能力对应的教学和培训内容都在图情档学科的课程及实践活动设置中有所涵盖。除此之外，由于图情档学科的管理学属性，其专业人才大多深刻树立了服务意识与用户意识，能够在第一时间敏锐捕捉用户使用行为和需求的变化。因此，从各项匹配度而言，知识服务产业都将成为图情档学子就业的主流方向。

另一个重点方向则是国家公务员。根据2016—2020年国考职位表的数据分析，国家公务员考试对图情档人才的需求有以下特征：符合国考报考专业要求的图情档专业有图书情报与档案管理类、图书馆学、档案学、信息资源管理、信息管理与信息系统、图书情报、文献学(古籍修复)。从大专业层面看,国考中图情档专业职位数大约占总职位数的3%,学历要求大多是"本科及以上",对政治面貌、性别、应届生身份、户口地和生源地等条件要求较为宽松,但对基层工作经验及实践能力要求逐年提高。在工作技能要求方面,计算机能力、英语能力和文字能力是最重要的三项技能。另外,国考对图情档具体专业的需求存在明显差异,图书馆学、情报学、信息资源管理、文献学(古籍修复)需求相对较少,而档案学则是图情档二级科目中需求量相对较大的一个专业。

➡➡ 从招聘需求推导图情档学子能力建设路径

无论是上文提及的传统图情档单位、国家公务员考试,还是互联网新兴知识服务提供企业,它们对于图情档学子的能力要求都随着社会整体建设方向的转变和制度调整发生了不同程度的改变。图情档教育者有必要不断创新培养模式,毕业生也需要提前进行职业规划。

在专业技能和知识储备方面,几乎所有的招聘单位都对计算机能力、语言能力、文字表达能力有所要求,信息处理能力中包含的信息分析能力、数据挖掘能力也是需要在课程建设中重点加强的。另外,不论是国考还是

企业都越来越看重学生的实践能力,如何将理论知识运用到工作实践中,是用人单位降低再培养成本、提高工作效率的考察要素。因此,高校应通过增加实践活动、创新课堂形式、提供实习机会等途径培养更多理论和实践并重的跨学科复合型人才。

路在何方?路在脚下。

只要我们找到自己的目的地并脚踏实地前进,就会发现,"不畏浮云遮望眼,只缘身在最高层"。越向前走,越有光明的前途。

▶▶ 图情档学子职场历险记

在了解了图情档学子就业的总体情况后,我们来看看图情档学子如何成为职场高手。这一部分我们将选取几名已经毕业的图情档学子,让他们来聊聊自己的职场历险记。

➡➡ 选择图情档的理由

1号访谈者:我本科专业是档案学,毕业之后去香港攻读MLIM(图书馆及信息管理),并于2021年9月进入一所高校图书馆工作。在高考选专业时,对图情档其实并不了解,只想选一个文理兼收的专业学习,可以开阔自己的视野,拓宽自己思考问题的视角,并没有一个具象的对某个专业的"坚定选择"。但经过四年的系统性学习,我对图情档的基本知识和学科思维都有了一些浅显的认识,于是在选择研究生专业时,我毫不犹豫地选择继续本专业的学习。一是我在学习的过程中发现,图情档专业与自己的兴趣爱好很一致,我从来没有在学习过程中产生过抵触或厌倦的情绪。二是我认为坚持学习一个专业,形成体系化的知识脉络,对于以后的就业、学术研究都非常重要。三是我的职业规划就是想要进入图书馆、档案馆、博物馆这类机构工作。

由于我工作的目标比较明确,因此较为关注求职公众号、网站的图情档招聘信息。选择这份工作最大的原因就是它完全符合我的职业规划目标和职业期待。同时,高校图书馆提供了一个可以将理论研究与实践相结合的平台,使我学以致用,将想法落地,为师生创造一个更好的学习和科研环境。这让我充满了成就感,让我觉得自己一直以来的学习和工作是非常有价值的。另外,图书馆安静有序的环境、平和稳定的工作节奏和氛围都是我所希望的。

2号访谈者:我是个理科生,本科学习的是教育相关专业。在本科毕业后,做了两年小学数学老师。之后想

什么是图书情报与档案管理？

换个工作，因此决定考研。在考研前，我询问了本科的文献信息检索课老师，这位老师是图书馆学专业毕业的。老师听完我的想法后，推荐我报考图书馆学专业。硕士毕业之后，我的就业目标比较明确，和1号访谈者一样，主要想去做专业对口的工作，想去档案馆、图书馆这类单位。就目前工作的感受来说，我很喜欢在图书馆工作，无论是工作内容、工作氛围还是薪资待遇，都比较符合我的期望，在图书馆工作幸福感很强！

3号访谈者：我本科是学习编辑出版专业的，然后保研至图书馆学专业，毕业后在某出版集团工作。高考时选择图情档专业主要是因为我是文科生，对文字较为敏感，且喜爱文学。虽对图情档专业尚无整体认知，但通过编辑出版这一专业名称，预见未来就业或将与书、文学、文化有关，契合个人性格特点和兴趣爱好。考研时之所以选择图情档专业，一是受本科优秀教师感染。有两位教师对教学充满热情，且颇具教学方法，亲和严谨、指导有方，让我产生了在本专业继续深造的热情。二是本科实习时体会到本专业的成就感和差距感——在报社、数字阅读基地编辑部等单位的实习经历既切实应用了部分专业理论，又隐约感受到专业培养建立了非专业人员所不具备的专业热情和思考方法，还认识到本专业仍有巨大学习空间，体系化、深入化的专业学习对就业将有更大指导作用，故决心继续在本专业读研。

选择该出版集团，一方面是因我毕业后计划到一线城市锻炼，另一方面是该单位于我而言属于专业对口的单位。出版集团旗下兼有出版单位、全国实体大书城标杆单位、新华书店等传统发行单位，也具备自己的供应链物流基地、掌上书城等数字出版发行基地，还有全国知名的全民阅读文化品牌，在出版发行领域体系规模庞大、平台广阔、资源丰富，拥有较好的职业发展前景。

4号访谈者：我本科、硕士都是档案学专业。毕业后在省档案局（馆）工作，后因机构改革，档案局（馆）分离后在省档案馆工作。高考选专业时对档案学专业并不了解，我个人喜欢逛博物馆，填志愿时以为档案学专业是类似博物馆学专业，所以选择了档案学专业。考研选档案学专业是因为对本学科已经有一定了解，并且认为跨专业考研会增大难度。档案学专业在图情档专业中，公务员招考比例相对较高，我就是通过定向选调考试获得现在的工作的。

➡➡ 图情档工作的日常

1号访谈者：我目前的工作职责是处理与读者服务相

关的事务。日常工作内容有调研、评测书库馆藏方案是否合理并进行及时调整，尤其是对于多个分馆需要经常调拨的图书要进行统筹规划；策划活动，如讲座、展览、比赛、信息素养课堂等；参与图书馆建设及空间再造工作；撰写图书馆学相关学术论文；其他事务，如撰写通讯稿、讲话稿，活动拍摄，展览讲解等。总的来看，图情档知识与我的工作关系密切。例如，在优化书库馆藏方案的时候会用到图书馆专业的许多知识；进行图书馆空间再造会涉及图书馆服务、建设的各种功能等基本理论知识；在日常分析读者行为及用户数据时也会用到数据分析等信息管理相关知识。我平时会有意识地在工作中发现自己专业知识上的漏洞并及时弥补，通过阅读文献、上网络课堂等形式查漏补缺，不断更新自己的图情档知识储备。同时，我也会将自己在工作中的实践经验记录下来，这对后续工作和科研有帮助。

2号访谈者：我参加工作时间比1号访谈者长一些，第一年主要是做图书的采访编目工作。由于图书馆的业务外包，采编工作一般先根据图书馆本年度购书经费来招标，由中标公司提供书目，负责书目加工。不过偶尔也会有少量的图书（比如赠书），需要馆员来进行编目。当然，我们在选书的时候，一般会偏向选择专业相关书籍，特别是学校重点建设的学科。第二年工作内容涉及范围更广,比如,负责论文查重、阅读推广、图书馆微信公众号运营、党建工作等。以阅读推广为例,这几乎是每个图书馆都会做的活动,我们馆已经连续做了10届。每年4月有读书节,我们一般会做十七八个线上线下活动,比如,讲座、比赛、小话剧等。有时候,由于经费问题,也会和赞助单位共同举办读书节活动。此外,我还会带文献检索通识课。

3号访谈者:我目前担任某出版集团旗下书城旗舰店总经理助理。工作内容主要是负责分管企划中心和综合管理中心(办公室),即书城企业策划相关工作,包括书博会、读书月、书展等全年800余场大型文化活动策划承办、企业品牌策划、品牌合作项目引进等,以及行政文秘、人事、党工群团、领导嘉宾参观接待等相关办公室工作。可以说,图情档专业为我提供了非专业人士不具备的行业整体认知,如整个出版发行体系、上下游关系、基本实务知识等,以上素养明显提高了工作适应速度。此外,在硕士就读期间的训练使我能够以整体化的眼光对待工作,对一些行业现象可以从行业背景、市场关系、内部管理、业务合作、团队管理等多个维度进行分析。总的说来,专业知识并不一定在工作中立刻得到明显的实操运

用，更多的是一种思维素养和一种在陌生职场遇到熟悉知识时所带来的兴奋和自信。

4号访谈者：我目前所在的部门是编研利用部，工作职责主要是负责编书办展，如撰写展览大纲、筛选展件、展厅设计、展陈设计、撰写书稿、撰写相关学术论文等；其他事务，如撰写通讯稿、讲话稿、活动拍摄等。图情档专业知识与我的工作关系还是很密切的。如筛选展件的时候要在馆藏中筛选书籍，在检索相关论文时都会用到所学知识。我十分认同3号访谈者的观点，专业的学习不一定完全契合实际工作需求，但是专业思维的锻炼可以带来工作上的自信。

➡➡ **图情档的职场竞争力**

1号访谈者：我认为图情档学子的核心竞争力有两点：一方面，由于图情档学科采用多学科交叉教学、综合性强、文理兼容的应用型培养模式，因此绝大多数图情档学子既掌握了传统图情档学科的基础知识与管理学理论，又掌握了一定的数据分析、数据处理等技术，符合社会"一专多能"的用人需求。兼备文理学科的思维和实践能力可以帮助毕业生在就业时扩大选择面，获得更多就业机会。另一方面，图情档学子对信息敏感度高，对事物重点捕捉能力强,加之管理学的浸润会提高毕业生在工作中的综合管理能力,也能比其他人更快地获取工作信息,抓住发展机会。

2号访谈者:我很赞同1号访谈者的观点!我认为图情档专业学子的核心竞争力是对信息的检索与利用能力,我们掌握了信息检索的专业知识,在收集信息上更加快速高效。以我现在从事的工作为例,信息检索是目前我从事的工作中最能体现专业知识的了。在实际的上课过程中,也常常会有非图情档专业的老师和我交流信息检索的专业知识。

3号访谈者:我一直觉得图情档学子有一种"沉稳严谨"的特质,这是其他专业学生不一定具备的。同时,相比其他专业学生,我认为图情档学子的核心竞争力不一定在于专业技能,更多的是这种常年极具综合性、文化性的人文训练,带来的一种文化气质和情怀,一种深层次的专业自信。这种专业自信不能小看,因为图情档就业单位大部分是传统文化行业,这里没有过多的物质激励。为了让自己的工作更有价值,这种专业自信和文化自信就是真正能"坚持住、干大事"的动力,也是用人单位会考虑的员工核心竞争力。同时,我认为图情档专业背后是

图书馆、出版社、书店,这就是人类知识的殿堂。因此,图情档是一门可以容纳各学科、各门类、各种兴趣的专业。如果一个图情档学子对其他学科还有浓厚兴趣或有其他特长,如英文、信息、财务等,那就是"综合素质高+特长明显",会非常抢手。

4号访谈者:我同意前面三人的观点,图情档学子的核心竞争力一方面表现在专业技能上,比如,信息检索技能、信息管理技能;另一方面,就是图情档专业教育给予学生的综合能力和品质,这对于个人今后的发展也至关重要。

➡➡ **给未来图情档学子的建议**

1号访谈者:我认为一定要"有意识"地参与专业学习,尽早明确图情档是否适合自己,从兴趣、未来规划、个人能力、家庭背景等多方面综合思考,制定合适的职业发展规划(不一定远大,但要符合自己的特点与需求)。此外,在学习的时候除了要掌握基本理论,要创造机会多锻炼自己的应用能力和技术水平,尤其是一些技术软件的使用,这在未来工作、学习、生活中都非常实用。此外,还要多和本专业的前辈交流,了解各行各业实际工作状态,不要想当然,有条件的话可以去实习,亲身体验。

2号访谈者：从事任何工作，课堂上的学习都是打基础，给你提供一种解决问题的思路。学到的知识可能和从事的工作不完全对等。但是课堂上的知识可以告诉我们如何才能寻求到帮助，解决这个问题。课堂学到的理论知识与实际业务操作之间还是有一定的距离，因此，对有志从事图书馆、档案馆工作的学子来说，可以多多了解图书馆、档案馆的实务知识，多参加实习实践。

3号访谈者：一是专业学习中要注意搭建对于整个专业的体系化认知，知道某一知识、某一现象是属于哪一板块的内容，对体系会产生何种影响，这对于就业后应对行业形势变化和个人发展选择，有重要参考价值；二是培养一门特长；三是就业建议优先大平台，感受大平台所带来的资源、视野、格局、能力。这是通过个人努力很难达到的，也是会让个人成长无限加速的。如果不喜欢大平台，可以再聚焦小平台，充分发挥个人特长。

4号访谈者：我认为学弟学妹首先要了解图情档专业是否适合自己。这点很重要。如果对这个专业"无感"，可能会影响自己的学习状态。如果认可这个专业，在打牢知识基础的前提下，尽可能多地学习一些数据处理、数据分析的知识。另外就是尽早做好规划，想清楚发展方

向,比如:读博?进企业?考编?进学术机构?越早谋划,准备的时间就越多。其实,图情档专业就业是很占优势的。首先,专业培养的技能就很实用,比如,检索信息的能力、信息分析的能力。其次,在"考公"时也是有优势的,以档案学为例,在考公务员时有的岗位只招档案学毕业生,而档案学相对小众,报考人数会比其他岗位少,从而降低竞争难度。

通过以上几名图情档职场人的现身说法,我们可以发现,图情档在众多专业之中,有其独特而神秘之处,它是一个兼具人文气质和技术理性的学科。当莘莘学子在高考之后,或在读研、读博之时,邂逅图情档、选择图情档,他们的身上也会浸润这种"能文能武"的气质。在信息社会、数字时代,图情档有着广阔天地。成为图情档学子,成为图情档人,让我们一起开启这段充满书香、充满惊喜的旅程吧!

▶▶ 图情档择业的想象力

在本书的最后,让我们还是回到最初谈到的信息社会。身处于信息社会,人们最需要的就是获取信息、理解信息及利用信息的能力,信息就像我们每天摄入的食物一般,已经成为维持我们生活不可或缺的东西。但不是每个人都有机会接受相关的能力或素养教育,也不是每个人都能拥有与信息"共舞"的机会,因此专业人士提供的帮助和服务就显得十分关键,我们将与之相关的职业统一看成一种信息职业。图情档是信息职业版图中重要的一个学科,并且在这个版图中不断扩张自己的领域,发挥更大的作用。它是动态变化的,而不是受制于某些特定机构范围的。而在我们已经看过图情档学子现实的职场经历后,你是还会充满期待,抑或束缚自己的想象?其实,职业选择永远没有既定的模式与套路,每个人都可以创造属于自己的独特经历。

➡➡ 突破"机构化"的职业标签

传统意义上的图情档职业与特定的信息机构具有密切联系,譬如图书馆、档案馆、情报所等类似的专业性机构,由此也被称为"机构化职业"。这些机构往往被人们认为是"与世无争"之地,较少与人打交道,只埋头于各种类型的资料或文献中。但事实并非如此,在这些机构工作并非像人们所想象的那般重复或机械化。图情档机构是伴随着人们的信息需求出现的专业性机构,也就是说,如果没有需求,就没有存在的必要性和合理性。因此,服

务信息用户需求是这类机构工作关注的重点,也就不可避免地要与人打交道,以"人"为中心展开工作。

而且,随着当代信息社会的不断发展变化,传统意义上的图情档机构的工作边界已经得到拓展,图情档工作人员的身份及职业性质也在发生种种转变。譬如,图书馆员不再只是穿梭在书架间,提供查找图书的服务,更重要的是,当代图书馆员承担了人类知识传播者的角色。这种传播不仅以图书传递的形式出现,还可以以互联网、社交媒体、电台、电视、报刊等各种渠道实现。图书馆则成为社会信息和知识的重要中转站,通过这个中转枢纽可以连接社会不同群体。尤其是一些公共图书馆,其面向社会公众的工作性质决定了其与人们生活之间紧密的联系,在我们日常生活接收信息的许多方面,其实都有你不知道的图书馆这个"幕后英雄"的参与。同样,档案管理员和情报机构人员也充满社会服务的使命感。与图书馆员在知识传播上发挥的关键作用不同的是,档案管理员则是人类记忆的守护者和传承者,但这绝不意味着档案管理员天天只是固守在库房,反而更多需要同社会其他组织、个人建立联系,在将档案保管好的基础上积极开发利用才是王道。因此,我们现在可以看到许多记忆工程项目,都少不了档案工作者的参与。此外,一些更具专业性的领域也少不了图情档岗位,比如,房产公司、建筑公司都需要专门的科技文件管理人员,专门管理与工程相关的档案文件,进入这些岗位不仅需要图情档专业背景,也需要掌握一定的行业领域专业知识。

与此同时,随着现今社会对信息人才的需求越来越迫切,信息的泛化不仅拓展了图情档传统职业的职能,也催生出一批与之相关的新兴信息职业,例如,信息建构师、信息交互师、信息咨询师等。而这些职业不再局限于传统的图情档机构,已经蔓延至这些机构以外的各类企业、政府及非政府组织。行业领域也是多种多样,包括商业、管理、电子政务、通信、互联网、IT 等多个领域。例如,对于企业而言,信息资源观日益盛行,许多企业都会把信息作为一种重要的资产来管理,并且具有先见地设置专门的岗位管理信息,负责开发信息系统,使信息资源管理渗透在企业工作的业务环节,提升企业竞争力。像首席信息官和知识主管都是这一背景下形成的岗位,如今也在许多企业得到普及。另外,对于面向政府的信息服务而言,一些传统的情报职业也逐渐向决策咨询转型,成为面向决策咨询的智库研究,各个国家近年来都非常重视智库建设,由此也带动了世界范围内的"智库热"。

➡➡ **关于信息职业的想象**

21世纪,一度流行一句非常经典的广告语——21世纪最缺什么?人才!随着人们受教育程度的普遍提升,如果放在今天,想必在这个"人才"前面还要加上一个限定词语。究竟哪一类人才最稀缺、最珍贵?那自然是创新型和复合型人才。尤其是在一个信息高度发达的社会,若想成为这样的人才,拥有不可替代的能力才是关键,一方面是能否被其他人所替代,另一方面则是能否被机器所替代。而这种能力不仅要以一定专业领域的能力为基础,还要具备一种跨界思维的能力。图情档学科与此不谋而合。如果被问到21世纪最具活力的学科是什么,图情档必须占有一席之地。一直以来,图情档人坚守在信息阵地,将为人类信息和知识需求服务视为根本任务。即使时代变了、技术变了、信息形态变了,这一核心价值并未改变,而且它经得起时间和技术的考验,也经得起新观念的冲击。同时,正是基于这样的价值基础,图情档学科也在不断升级知识体系,与这个信息时代的变化同频共振,为的就是更好地服务和改善信息社会。

对于广大图情档学子而言,他们收获的不仅是基本的专业知识,还包括适应这个信息社会变化和发展的各项技能与素质。创新能力及跨界能力是其中的重要组成部分,此外,还有批判思考能力、人际沟通能力、利用信息解决问题的能力等。因此,从某种意义上讲,图情档学科的这种灵活性和延展性为学子提供了大量自由施展的空间,使他们能够在这个信息时代找到与自己兴趣或优势结合的多元化的职业岗位。

至此,还记得前文所提到的图情档学科的三大支点即人文、管理和技术吗?在信息社会建立三者之间联结关系的能力正是图情档学子的核心竞争力。从这里出发,我们就是信息枢纽,在这个万物互联的信息时代,可以连接一切,去你想探索的信息大陆,去认识这个世界。但关键是,我们拥有的想象力将决定我们前进的方向。在一个瞬息万变的信息社会,不确定性是当今乃至未来世界最显著的一大特征,我们需要的不是确定的知识和既定的职业轨道,而是能够帮助人类探索世界的工具性知识,并且思考利用这样的知识能够对社会提供怎样的服务,然后坚持在自己热爱的领域发光发热。这才是职业该有的想象力。

所以,请不要停止想象,作为图情档学子,更是要敢于创新、大胆想象,未来其实有很多种可能性等待你去发现和创造!

参考文献

[1] 冯惠玲,张辑哲.档案学概论[M].北京:中国人民大学出版,2006.

[2] Fisher K E, Erdelez S, McKechnie L E F. Theories of information behavior[M]. Medford：Information Today, Inc. , 2005.

[3] 范并思,等. 20 世纪西方与中国的图书馆学——基于德尔斐法测评的理论史纲[M].北京:国家图书馆出版社,2016.

[4] 郭吉安,李学静.情报研究与创新[M].北京:科学出版社,2015.

[5] 胡昌平,胡潜,邓胜利.信息服务与用户[M].武汉:武汉大学出版社,2015.

[6] 黄如花.信息检索[M].3版.武汉:武汉大学出版社,2019.

[7] 罗源.大学生信息素养教程[M].北京:光明日报出版社,2019.

[8] 马费成,宋恩梅,赵一鸣.信息管理学基础[M].3版.武汉:武汉大学出版社,2018.

[9] 孟广均,霍国庆,罗曼,等.信息资源管理导论[M].北京:科学出版社,2003.

[10] 王波.快乐的软图书馆学[M].北京:海洋出版社,2014.

[11] 王子舟.图书馆学是什么[M].北京:北京大学出版社,2008.

[12] 吴慰慈,董焱.图书馆学概论[M].4版.北京:国家图书馆出版社,2019.

[13] 于良芝.图书馆情报学概论[M].北京:国家图书馆出版社,2016.

[14] 张靖,周旖,陈定权.图书情报专业硕士培养研究与实践[M].北京:社会科学文献出版社,2019.

[15] 朱庆华.信息分析:基础、方法及应用[M].北京:科学出版社,2022.

什么是图书情报与档案管理？

后　记

接到大连理工大学出版社写作《什么是图书情报与档案管理？》的邀约时，我心存惶恐，因为这种为入门者介绍本学科思想和知识精髓的工作，按照学界惯例一般都请本领域的泰山北斗级专家担任。籍籍无名之辈，蒙此错爱，自然担心是编辑搞错名字，再三请编辑确认是否张冠李戴，等她们确定邀请的就是南京大学信息管理学院李刚教授，我才欣然受命，同时涌起一股士为知己者死的情怀，下决心把这本书写得别开生面、生动有趣，以报大连理工大学出版社的"知遇之恩"。

我随后邀请了三位已经毕业的得意门生——上海师范大学文学院信息管理系的邹婧雅博士、杭州电子科技大学浙江省信息化与经济社会发展研究中心的冯雅博士和浙江大学图书馆的何东洋组成了编写小组。邹婧雅是我和多伦多大学信息学院联合培养的博士,何东洋于南京大学本科毕业后在香港大学读的硕士,冯雅读书期间就是我课题组的骨干,承担过很多大项目。她们都是"学贯中西",见了世面的人,思维活跃,头脑里没有框框。她们绞尽脑汁,不知是受了《功夫熊猫》的启发,还是《武林外传》的点化,提出了邂逅、上山、寻宝、修炼、下山的篇章结构,得到了大连理工大学出版社于泓编辑的肯定。编写过程中,不能说呕心沥血,也可谓披肝沥胆,我们数易其稿,黄沙吹尽,终得现在这个版本呈现给读者。

我要感谢三名同学跟我一起奋斗,没有她们的帮助,不可能在这么短时间内完成写作。付梓在即,我把她们的具体贡献列举如下:

邹婧雅:第一章第二节、第二章第一节、第三章第三节、第四章第二节、第五章第三节。同时还承担了统稿和组织工作。

冯雅:第一章第一节、第二章第二节、第三章第二节、第四章第一节、第五章第二节。

何东洋:第一章第三节、第五章第一节。

三人合撰了第三章第一节和第四章第三节。

需要指出的是,本书如存在错误和不足,责任在我。

最后,我想借此后记,转录数月前南京大学信息管理学院研究生会对我的采访,希望给即将进入大学的年轻读者一些启发。

问:老师在南京大学信息管理学院完成了本科及研究生学习,而后在历史系获得了博士学位,是什么样的契机使您接触到智库研究,又是什么原因使您在智库研究领域具备了全国性的影响力?

李:我在南京大学信息管理学院读的是本科和硕士,本科学习的专业是图书馆学。比较幸运的是,在建系之初就有计算机系检索教研室整体划拨到南京大学信息管理学院,因此我在本科阶段就修读了大量的计算机方面的课程,这对于我后来做 CTTI 信息系统帮助很大。我完成硕士学习后到南大历史系攻读博士学位,在历史系又系统地学习了中外历史,这为我后来研究西方智库奠定了很好的基础。2010 年,我晋升教授后面临学术研究领域拓展的瓶颈。2013 年,我在美国威斯康星大学进修期间有机会系统地学习和调查了美国智库研究的成果,我就自然地把智库研究作为自己新的研究方向。新时代给了我们新机遇，机会总是垂青有准备的人。基于自身学科背景，课题组从研发CTTI入手研究中国特色新型智库，得益于南京大学在学术评价上的学科优势。我们和光明日报社合作，在江苏省委宣传部的指导和支持下，于2016年推出CTTI系统，很快就产生了较大影响。除CTTI系统，我们中心还是国内最早设置智库研究博士生方向的机构。我们也是编译引进西方智库研究图书最多的机构之一，我们和南京大学出版社合作的"南大智库文丛"在业界影响很大。我们还和中科院文献情报中心共同创办了学术期刊《智库理论与实践》，对推动智库理论建设和实践指导发挥了较大作用。

问：请您讲讲求学经历中留下的深刻印象。

李：我在本科时遇到一位好老师——吕斌教授，大一时他给我们班开了一个涉及当时社会科学前沿的一百本书的书单，我基本上读完了书单上的全部书，这使我奠定了社会科学的基础知识。我的硕士导师倪波教授和博士生导师李良玉教授都是国内顶级的学者，他们带学生很有经验，鼓励我们大量读书。那时候我们课程比较少，主要是在导师指导下自己探索，读大量的书。印象最深刻

的是:那时候我住在学校南园,南园后门就是先锋书店,每天吃完晚饭我就去先锋书店看书、买书,风雨无阻。我认为文科生多读书是最重要的。李良玉老师不仅鼓励读书,还要求我们博士论文必须基于原始档案,我在省档案馆和南大档案馆读过一年半的原始档案,这培养了我求真务实的思维品格。

问:您觉得读书对于创新思维或者学科研究有哪些作用?

李:评价一名学者最主要的就是看他的思维品格和思维方式。现在一些文科学生平时不大读书,有需要才临时去检索信息,脑子里充满了信息,却没有系统的知识,大部分信息来自互联网,非常碎片化。我认为这会导致思维方式缺乏内在的联系性和整体性,而读书最大的好处是通过阅读形成一个有架构的知识结构、完整的知识地图。正是因为当年读了那么多书,才使我现在做智库研究和其他课题时有"左右逢源"的感觉。

问:想请您分享一下在南京大学信息管理学院任教的感触。

李:南京大学是个包容的大学,南大信息管理学院也是真正的兼容并包，拥有创新探索的学术文化。我经历的两任院长，从沈固朝院长到孙建军院长，都鼓励教师学术创新，积极给予支持。我们中心成立之初，孙建军院长就给中心配置了条件非常好的实验室。应该说没有这种兼容并包、鼓励创新的学术文化，CTTI不可能有现在的影响力。

我另外一个感触就是南大有非常优秀的学生，一届又一届同学付出了辛勤的汗水，他们是CTTI系统建设的主力，对他们的贡献我片刻也没有忘记。

问：您是怎样平衡学术工作和项目建设的？

李：学术工作和项目建设是互相促进的。我们这几年发表了一系列有一定学术含量的智库方面的论文，很多论文都来自项目的启发。我们课题组吕诚诚博士负责天津社科院国家高端智库方案编制项目，我们用一年时间完成了这个项目，也基于这个项目，吕诚诚写了一篇高水平论文。另外，我也要求项目在起步的时候，一定要先做理论研究，把问题本身和背后的理论内涵和学术背景理解清楚。一些同学写的论文是从文献到文献，而我们的论文不少是来自实践的，学术和项目之间相得益彰。

问:您对学生的期待是什么?

李:一是希望学生有好的品行,二是能力要强,比如文字表达能力、沟通能力,还要有独立做研究、开展项目的能力。这些能力都具备了,就能在社会上拥有立足之地。

问:您有什么寄语要对同学们说?

李:要做一个自我驱动、自我燃烧、自律的人,把当下的每一天抓住。特别是文科同学一定要多读书,构建自己的知识地图,形成高品质思维,具备创造性和批判性思维能力。道德建设从小节做起,从说"谢谢"做起。

李　刚

2022 年 6 月于南京新街口兰之堂寓所

"走进大学"丛书书目

什么是地质？	殷长春	吉林大学地球探测科学与技术学院教授（作序）
	曾　勇	中国矿业大学资源与地球科学学院教授
		首届国家级普通高校教学名师
	刘志新	中国矿业大学资源与地球科学学院副院长、教授
什么是物理学？	孙　平	山东师范大学物理与电子科学学院教授
	李　健	山东师范大学物理与电子科学学院教授
什么是化学？	陶胜洋	大连理工大学化工学院副院长、教授
	王玉超	大连理工大学化工学院副教授
	张利静	大连理工大学化工学院副教授
什么是数学？	梁　进	同济大学数学科学学院教授
什么是大气科学？	黄建平	中国科学院院士
		国家杰出青年基金获得者
	刘玉芝	兰州大学大气科学学院教授
	张国龙	兰州大学西部生态安全协同创新中心工程师
什么是生物科学？	赵　帅	广西大学亚热带农业生物资源保护与利用国家重点实验室副研究员
	赵心清	上海交通大学微生物代谢国家重点实验室教授
	冯家勋	广西大学亚热带农业生物资源保护与利用国家重点实验室二级教授
什么是地理学？	段玉山	华东师范大学地理科学学院教授
	张佳琦	华东师范大学地理科学学院讲师
什么是机械？	邓宗全	中国工程院院士
		哈尔滨工业大学机电工程学院教授（作序）
	王德伦	大连理工大学机械工程学院教授
		全国机械原理教学研究会理事长
什么是材料？	赵　杰	大连理工大学材料科学与工程学院教授

什么是自动化？	王 伟	大连理工大学控制科学与工程学院教授
		国家杰出青年科学基金获得者（主审）
	王宏伟	大连理工大学控制科学与工程学院教授
	王 东	大连理工大学控制科学与工程学院教授
	夏 浩	大连理工大学控制科学与工程学院院长、教授
什么是计算机？	嵩 天	北京理工大学网络空间安全学院副院长、教授
什么是土木工程？		
	李宏男	大连理工大学土木工程学院教授
		国家杰出青年科学基金获得者
什么是水利？	张 弛	大连理工大学建设工程学部部长、教授
		国家杰出青年科学基金获得者
什么是化学工程？		
	贺高红	大连理工大学化工学院教授
		国家杰出青年科学基金获得者
	李祥村	大连理工大学化工学院副教授
什么是矿业？	万志军	中国矿业大学矿业工程学院副院长、教授
		入选教育部"新世纪优秀人才支持计划"
什么是纺织？	伏广伟	中国纺织工程学会理事长（作序）
	郑来久	大连工业大学纺织与材料工程学院二级教授
什么是轻工？	石 碧	中国工程院院士
		四川大学轻纺与食品学院教授（作序）
	平清伟	大连工业大学轻工与化学工程学院教授
什么是交通运输？		
	赵胜川	大连理工大学交通运输学院教授
		日本东京大学工学部 Fellow
什么是海洋工程？		
	柳淑学	大连理工大学水利工程学院研究员
		入选教育部"新世纪优秀人才支持计划"
	李金宣	大连理工大学水利工程学院副教授
什么是航空航天？		
	万志强	北京航空航天大学航空科学与工程学院副院长、教授
	杨 超	北京航空航天大学航空科学与工程学院教授
		入选教育部"新世纪优秀人才支持计划"
什么是食品科学与工程？		
	朱蓓薇	中国工程院院士
		大连工业大学食品学院教授

什么是生物医学工程？		
	万遂人	东南大学生物科学与医学工程学院教授
		中国生物医学工程学会副理事长（作序）
	邱天爽	大连理工大学生物医学工程学院教授
	刘　蓉	大连理工大学生物医学工程学院副教授
	齐莉萍	大连理工大学生物医学工程学院副教授
什么是建筑？	齐　康	中国科学院院士
		东南大学建筑研究所所长、教授（作序）
	唐　建	大连理工大学建筑与艺术学院院长、教授
什么是生物工程？	贾凌云	大连理工大学生物工程学院院长、教授
		入选教育部"新世纪优秀人才支持计划"
	袁文杰	大连理工大学生物工程学院副院长、副教授
什么是哲学？	林德宏	南京大学哲学系教授
		南京大学人文社会科学荣誉资深教授
	刘　鹏	南京大学哲学系副主任、副教授
什么是经济学？	原毅军	大连理工大学经济管理学院教授
什么是社会学？	张建明	中国人民大学党委原常务副书记、教授（作序）
	陈劲松	中国人民大学社会与人口学院教授
	仲婧然	中国人民大学社会与人口学院博士研究生
	陈含章	中国人民大学社会与人口学院硕士研究生
什么是民族学？	南文渊	大连民族大学东北少数民族研究院教授
什么是公安学？	靳高风	中国人民公安大学犯罪学学院院长、教授
	李姝音	中国人民公安大学犯罪学学院副教授
什么是法学？	陈柏峰	中南财经政法大学法学院院长、教授
		第九届"全国杰出青年法学家"
什么是教育学？	孙阳春	大连理工大学高等教育研究院教授
	林　杰	大连理工大学高等教育研究院副教授
什么是体育学？	于素梅	中国教育科学研究院体卫艺教育研究所副所长、研究员
	王昌友	怀化学院体育与健康学院副教授
什么是心理学？	李　焰	清华大学学生心理发展指导中心主任、教授（主审）
	于　晶	曾任辽宁师范大学教育学院教授
什么是中国语言文学？		
	赵小琪	广东培正学院人文学院特聘教授
		武汉大学文学院教授
	谭元亨	华南理工大学新闻与传播学院二级教授
什么是历史学？	张耕华	华东师范大学历史学系教授

什么是林学？	张凌云	北京林业大学林学院教授
	张新娜	北京林业大学林学院讲师
什么是动物医学？	陈启军	沈阳农业大学校长、教授
		国家杰出青年科学基金获得者
		"新世纪百千万人才工程"国家级人选
	高维凡	曾任沈阳农业大学动物科学与医学学院副教授
	吴长德	沈阳农业大学动物科学与医学学院教授
	姜 宁	沈阳农业大学动物科学与医学学院教授
什么是农学？	陈温福	中国工程院院士
		沈阳农业大学农学院教授（主审）
	于海秋	沈阳农业大学农学院院长、教授
	周宇飞	沈阳农业大学农学院副教授
	徐正进	沈阳农业大学农学院教授
什么是医学？	任守双	哈尔滨医科大学马克思主义学院教授
什么是中医学？	贾春华	北京中医药大学中医学院教授
	李 湛	北京中医药大学岐黄国医班（九年制）博士研究生
什么是公共卫生与预防医学？		
	刘剑君	中国疾病预防控制中心副主任、研究生院执行院长
	刘 珏	北京大学公共卫生学院研究员
	么鸿雁	中国疾病预防控制中心研究员
	张 晖	全国科学技术名词审定委员会事务中心副主任
什么是护理学？	姜安丽	海军军医大学护理学院教授
	周兰姝	海军军医大学护理学院教授
	刘 霖	海军军医大学护理学院副教授
什么是管理学？	齐丽云	大连理工大学经济管理学院副教授
	汪克夷	大连理工大学经济管理学院教授
什么是图书情报与档案管理？		
	李 刚	南京大学信息管理学院教授
什么是电子商务？	李 琪	西安交通大学电子商务专业教授
	彭丽芳	厦门大学管理学院教授
什么是工业工程？	郑 力	清华大学副校长、教授（作序）
	周德群	南京航空航天大学经济与管理学院院长、教授
	欧阳林寒	南京航空航天大学经济与管理学院副教授
什么是艺术学？	梁 玖	北京师范大学艺术与传媒学院教授
什么是戏剧与影视学？		
	梁振华	北京师范大学文学院教授、影视编剧、制片人